はじめに

なぜ何回も同じことを言っているのにわかってもらえないんだろう?

こう思ったことがない人を探すほうが難しいかもしれません。

「何回も言ってるのに!」
「そんなこと当たり前じゃないか」
「なんでわからないの?」

そんなことを日々感じている人のために、この本を書きました。

JN086228

私は長年、脳科学の研究をしています。
なかでも「うまくいく人とそうでない人の違い」を主なテーマにしています。

その研究結果からわかったことがあります。
うまくいく人といかない人の最大の違いは、
「コミュニケーション」にあるということです。

うまくいかない人の多くは、コミュニケーションが下手な人でした。
一方で、うまくいく人はコミュニケーションスキルが高い人でした。

コミュニケーションスキルとはどういうものでしょうか。

実は、このコミュニケーションスキルには誤解があるようです。

「コミュニケーションスキルが高い」

＝

「話し方がうまい、話が面白い」

と思われているのですが、これは間違いです。

私が研究してきた中には

「話が下手だけどコミュニケーションスキルが高い人」もたくさんいました。

では、コミュニケーションスキルが高い人は
どういう人なのでしょうか?

研究の結果から判明したこと、それは

「自分の脳と相手の脳が見せる世界が違う
ということをしっかりと認識している人」
がコミュニケーションスキルが高いということ。

ここでこの問題を考えてみてください。
シマウマクイズです。

イラストのシマウマですが、このしま模様は
1）白地に黒いしま
2）黒地に白いしま
あなたはどちらに見えますか？

この問題に正解はありません。

実は自分の肌の色をどう認識するかで、
地色が変わるという研究結果が出ています。

自分の肌色が白に近いと思っている人は
「白地に黒いしま」と答える人が多く、
自分の肌色が黒に近いと思っている人は
「黒地に白いしま」と答える人が多いそうです。

同じシマウマを見ても、人によって見え方が変わります。

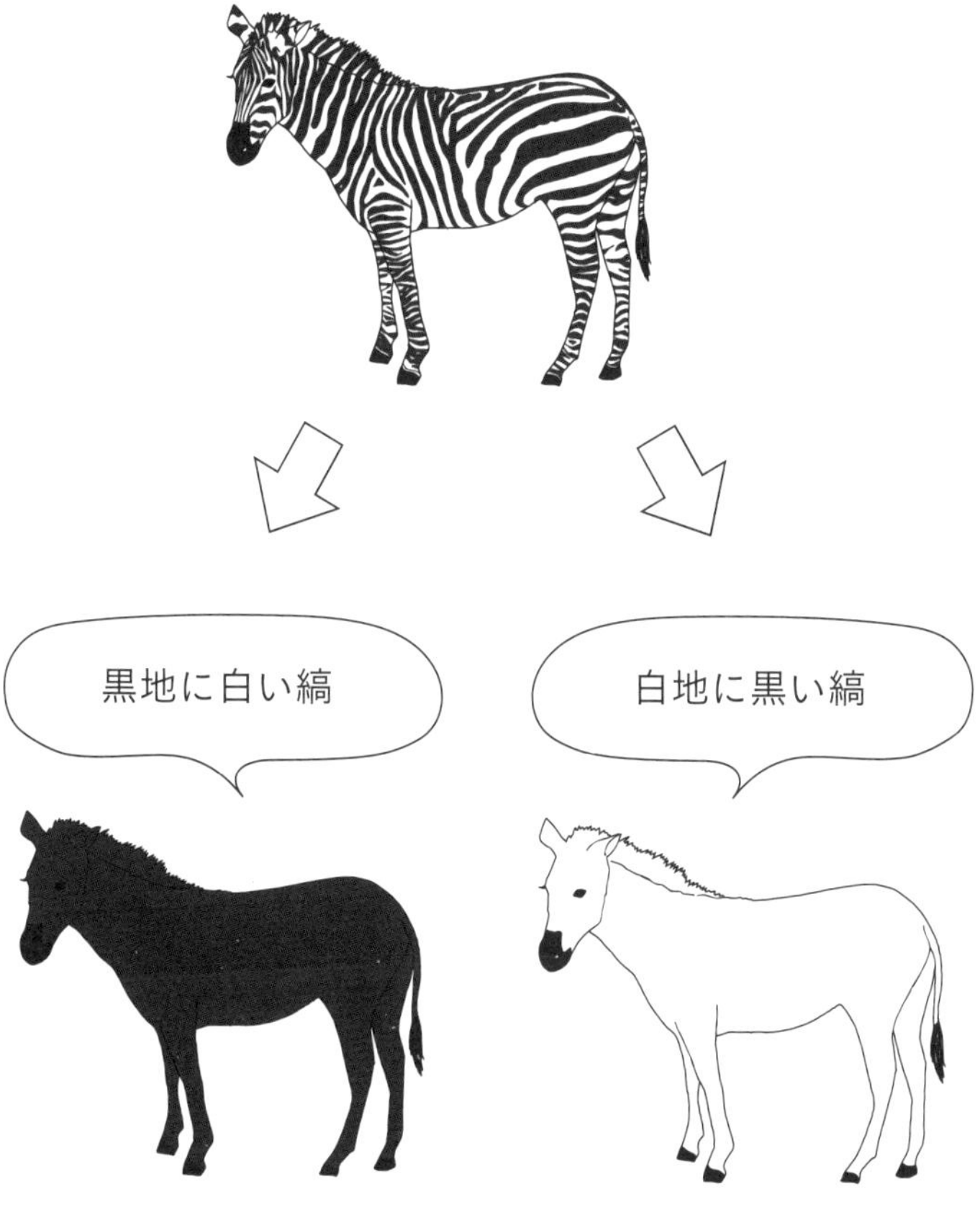
黒地に白い縞
白地に黒い縞

「白地に黒いしま」と答える人に、
「それ、黒地に白いしまですよ」と言ったところで、
「そうは見えない。何を言っているの？」と返されるだけ。
見え方が異なる2人が激論を交わしたところで、
いつまでも平行線をたどるだけです。

解決策は、1つ。
それは、お互いの見え方を認めることです。
自分が見ている世界と相手が見ている世界が違うことに気づき、
尊重しあえる人がコミュニケーションスキルが高い人なのです。

私のもとにはさまざまな相談がもちかけられます。
そして、その悩みの種の多くが、
お互いが見ている世界が違っていることが
わからないために起きています。

夫婦の不仲、離婚問題
会社での上司や部下、同僚とのストレス
親子の関係や子育ての悩み

「わかってくれるはず」という思い込みが原因で
うまくいかないことはたくさんあります。

見ている世界が違えば、受け取り方も、感じ方も、考え方も違ってきます。

何がそんなにも私たちの見える世界を違えてしまうのか？

それが、「脳のバイアス」です。

脳のバイアスは、
遺伝や性別だけでなく、生まれ育った地域、環境、
経験によって少しずつ違ってきます。
１００人いれば、１００通りあるのが脳のバイアスです。

だから、私たちがわかりあうことは難しいことなのです。

わかりあえたと思っていても、
実はお互いがイメージしているもの、
考えていることがまったく違う可能性が高いのです。

「わかりあえないなんて悲しい」と思う人もいるでしょう。
でも私は悲しいことではないと思っています。

わかりあえることが難しいからこそ、
わかってほしいときは相手の頭の中を想像する。
それは相手への思いやりでもあります。
「わかりあえない」という前提にたつことで、
多様なものを認める思考も身につきます。

あなたが見ている世界と、
あなた以外が見ている世界は違います。
どんなに親しい間柄の人とも違います。

それは、人それぞれ脳のバイアスがかかるからです。
その違いに気づくだけで、人間関係から受けるストレスは格段に減ります。
あなたと、あなた以外の人が見ている世界がどれだけ違うかを知る。
それだけで、あなたのコミュニケーションスキルは劇的に変わります。

この本では、なぜ脳のバイアスがかかり、
認知に違いが起きるのかを
科学的に証明されたデータをベースに伝えていきます。
脳を知ることは自分を知ることであり、相手を知ることです。

この本を読み終えたとき、
あなたのコミュニケーションスキルが
大きく成長していることを願って。

脳科学者　西剛志

第1章 「脳」に操られる世界

第2章 「体」に操られる「脳」

第3章

「環境」に操られる「脳」

第4章

思い込む「脳」

第5章

結局人は、わかりあえない生き物である

第1章

「脳」に操られる世界

あなたは、
どちらが
「汚い部屋」だと
感じますか？

A.

B.

あなたは「汚い部屋」というどんなイメージを持ちますか？

散らかっている部屋

臭ってきそうな部屋

「汚い部屋」のイメージは、人によって異なります。
なぜこんな違いがあるのか、次のページから見ていきましょう。

同じものを見ても、汚いと感じる人と感じない人がいる

あなたはどんな「汚い部屋」をイメージしましたか？
足の踏み場もないほどものが散らかっている部屋でしょうか？ それとも、食べた後のものがテーブルに置かれている部屋でしょうか？ 換気をほとんどしていない空気がよどんでいる部屋でしょうか？

あなたがイメージした部屋は、きっと汚い部屋だと思います。
ただし、そこには「あなたにとっては」という条件が付きます。

えっ、自分が思った「汚い部屋」は誰がどう見ても汚いはず。もしそう思ったのであれば、それは間違いかもしれません。

あなたがイメージした部屋を見て、「汚い部屋」と思わない人がいます。

それも、自分が予想している以上の人が汚いと思わない場合があります。


世の中には、ものが散らかっていても、まったく気にならない人がいます。

同じように、食べた後のものがテーブルに置いてあっても、空気がよどんでいても、平気で過ごせる人もいます。

あなたがイメージした部屋を見ても、「どこが汚いの？」と首をかしげる人は、いくらでもいるのです。


その理由は、脳の性格の違いにあります。

いわば、脳のバイアスのかかり方の違いです。


以前、こんなことがありました。ある夫婦から「ケンカが絶えない」と相談を受けたことがあります。

話を聞くと、ケンカの原因は、部屋が散らかっているのに何もしない夫でした。

妻の言い分は、「散らかっているのに、どうしてきれいにしないの?」。

夫の言い分は、「汚くないから今やらなくてもいいじゃん」。

そんなやりとりから、毎度もめごとに発展するとのことでした。

妻のほうが正しい気もしますが、夫は汚くないと思っているのですから、片づけに積極的にならないのもわかります。


夫婦が見ている部屋は、もちろん同じです。

それなのに、妻は「汚い」、夫は「汚くない」。

この違いはどうして生まれてしまうのでしょうか?


2人の感じ方が異なるのは、2人の脳タイプが違うからです。

私たちは、視覚、聴覚、触覚、味覚、嗅覚、いわゆる五感で情報を処理しています。

どれも同じように使っていると思っていますが、手を使って何かをするときに無意識に利き手を使うことが多いように、五感にも優先的に使う感覚器とそうでない感覚器があります。

1996年に、ニューヨーク大学の教育学者であるリースマン博士によって、人それぞれ学習するときに異なる感覚器を使っていることが報告されましたが、その特性から分類されるのが脳タイプです。

私も2000名以上の人を見てきましたが、脳タイプは3つに分かれます。

タイプ1　視覚を優先する視覚タイプ
タイプ2　聴覚を優先する聴覚タイプ
タイプ3　触覚、味覚、嗅覚などを含めた体の感覚を優先する体感覚タイプ

日本の脳タイプを調べると、視覚タイプ44％、聴覚タイプ18％、体感覚タイプ38％という結果も出ています。

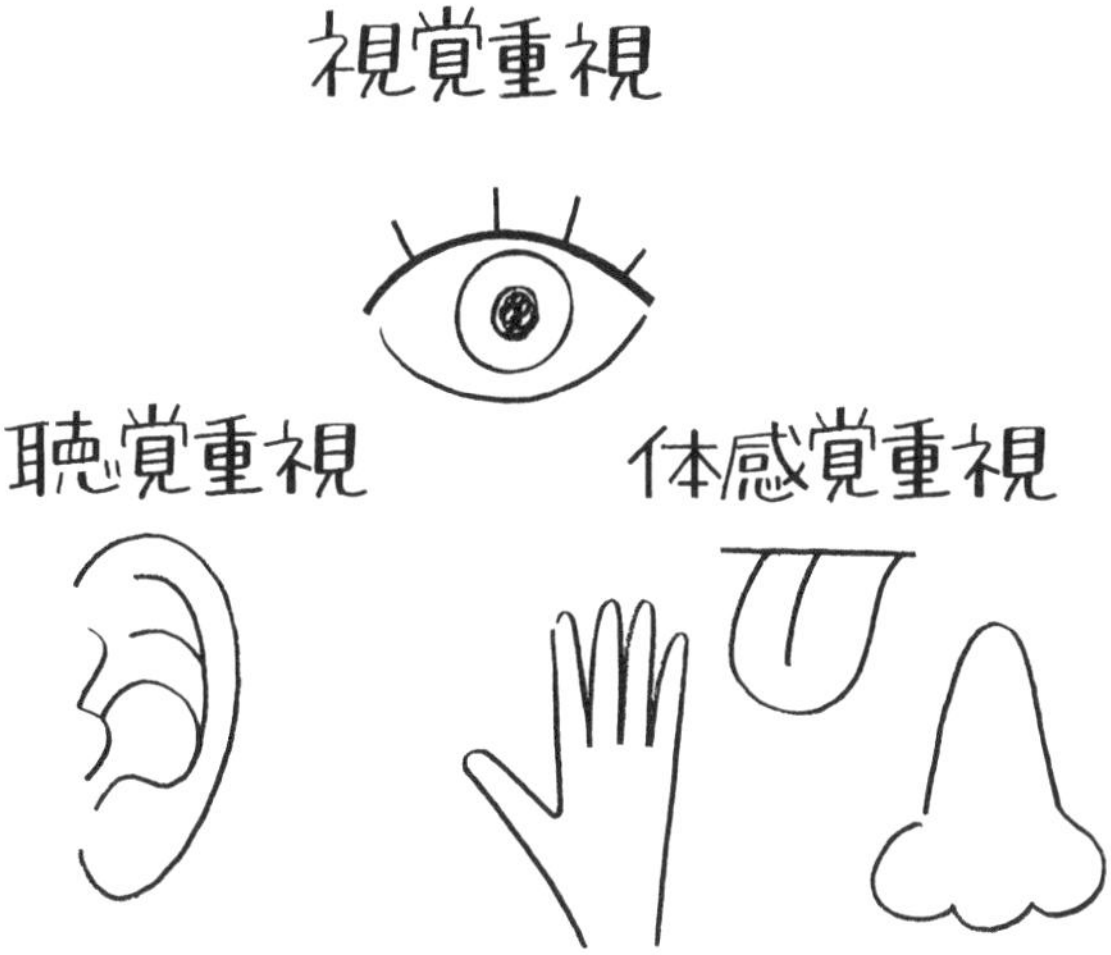

タイプによって、同じものを見ても脳での処理が違ってきます。記憶のされ方も、記憶をもとにつくるイメージや表現の仕方もまったく違ってきます。

各タイプで優先されるのは、視覚タイプは見えているもの、聴覚タイプは聞こえるもの、体感覚タイプは香りや気温、そのときの気持ちなど。例えば、同じ海を眺めていても、次のように記憶されるものが違ってくるのです。

視覚タイプ　↓**海の青さ**が記憶に残る

聴覚タイプ　↓**波の音**が記憶に残る

体感覚タイプ　↓**潮の香りや潮風の心地よさなど**が優先的に記憶に残る

どうですか？　同じ海を見ても、こんなにも感じ方に違いが出てくるのです。

先ほどの夫婦は、妻が視覚タイプで夫は体感覚タイプでした。

ものが散らかっている状態を見ると「汚い」と感じる妻がイライラするのはわかりますが、視覚情報よりも体感覚が優位に働く夫は、見ただけでは「汚い」と感じられません。夫が悪いわけでもないのです。

そこで私がしたことは、夫にものが散らかっている状態を体で感じてもらうことでした。夫に、「散らかっているものをすべて布団の中に詰め込んで、くるまってみてください。どんな気分ですか？」と聞くと、「こんな状態を妻は体験していたんですか。これは嫌ですね」。

こうして、妻が感じる「汚い」を、夫もようやく理解することができました。以降は、もめることが極端に少なくなったといいます。

脳タイプが異なると、夫婦間でも、わかりあえないことはよくあることなのです。

視覚的に「汚い」と感じる妻と、体感覚的に「汚い」と感じる夫。「汚い」の感じ方が夫婦間で異なるケースは少なくない。

「マクドナルド」で思い浮かぶものはこんなに違う

脳タイプが異なれば感じ方や記憶のされ方が違うように、何かを想起するときも、頭に浮かんでくることがまったく違ってきます。脳のバイアスがかかるからです。

それでは質問です。
あなたは、マクドナルドと聞いて何を思い浮かべますか？

黄色のMのマーク
注文の列に並んでいる人
トレーにのっているハンバーガーとポテト
四方から飛んでくる店内の雑音

「ありがとうございます」というスタッフの声
ポテトを揚げる油の匂い
ハンバーガーにかぶりついたときに口の中に広がる味

あなたの頭に浮かんできたものと同じものがありましたか？

何かを想起するときも、脳タイプで違ってきます。

視覚タイプ…映像が浮かぶ
聴覚タイプ…映像より先に音声が浮かぶ
体感覚タイプ…映像や音声より先に、匂いや香り、味、そのときの体で感じたことなどが浮かんでくる

マクドナルドの想起例を整理すると、次のようになります。

視覚タイプ…マクドナルドのマークや店内の様子、ハンバーガーなど

聴覚タイプ…店内で聞こえてくる声、流れている音楽など
体感覚タイプ…料理の匂いや味、店内にいるときの感覚など

同じテーマでも、頭に浮かんでくるものが同じとは限りません。頭に浮かんでいるものが違えば、話がかみ合わないのは当然です。

前述の夫婦のように、いつまでたってもかみ合わなくて、気まずい雰囲気になることもあるでしょう。脳タイプに違いがあることを知らないと、コミュニケーションで問題が起きやすいのです。


「何度言ってもわかってくれない、気にしない」

そんな思いを抱いたことがある人も多いと思います。それが何度も続いて、「だらしない」とか、「悪意がある」などととらえてしまったこともあるかもしれません。

その原因が脳タイプの違いだったとしたら、どうでしょうか?

相手への対応が変わると思います。イライラすることも少なくなるでしょう。

では、3つのタイプを診断するにはどうしたらいいか？ それはこの章の最後に紹介します。

脳タイプの違いは、思い出にも影響します。

あなたにも、こんな経験がありませんか？

例えば、ディズニーランドに行ったとき、楽しさのポイントは脳タイプによって異なります。

ミッキーなどのキャラクターがいい
アトラクションがいい
パレードの音楽がたまらない
パークで食べるフードがいい

など、人それぞれ異なります。そして、記憶に残る情報も違ってくるのです。

「ドナルド、かわいかったね」

「……?」

「ほら、手を振ってくれて」

「……?」

「覚えてないの?」

「そうだっけ?」

「デイジーと一緒にスキップしてたよね」

「もしかして、ベンチに座ってチュロス食べてたとき?」

「そうそう。それしか覚えてないの?」

「確かに手を振ってくれたような気がするけど……」


相手が覚えていなかったり、忘れたりしていると、イラっときますよね。

「楽しくなかったのかな?」とか、「私と一緒じゃないほうがよかったのかな?」などとネガティブなことを考えるきっかけになることもあります。

しかし、脳タイプが違うと、こういうぎこちない会話はふつうです。**同じ場所で同じ時間を過ごしても、脳タイプが違えば印象に残ることも違ってくる**からです。

一番印象に残っているのは何か。

それだけの違い。

自分の印象に残っていることと違うからといって、やきもきすることはありません。会話が続けば、やがてお互いに同じシーンを思い描くようになり、会話もかみ合うようになります。

自分の頭に浮かんでいるものと、相手の頭に浮かんでいるものが、まったく同じとは限りません。それぞれ脳のバイアスがかかるのですから、ごく自然なことなのです。

音にとにかく敏感な聴覚タイプ

脳タイプは、情報をインプットするときにどの感覚器を優先するかの違いです。そのため、優先する感覚器が、他の人より特に敏感に反応することがあります。

あなた、もしくは、あなたのまわりに、こんな音に敏感な人はいませんか？

部屋の中をバタバタと歩く足音
玄関のドアを開けたり閉めたりするときの音
窓をたたく雨や風の音
食器を重ねるときに出る食器同士が触れる音

ふつうなら気にならない程度の音にも敏感に反応しやすいのが、聴覚タイプ。自分では静かに歩いているつもりなのに、静かにドアを閉めているつもりなのに、「うるさい」と注意されたり、嫌な顔をされたりしたことはありませんか。

言われたほうは気分はよくないでしょうが、聴覚タイプの人は気になって仕方がないのです。

それでは、こんな人はいませんか?

換気のために窓を開けていたら、すぐに閉める
夏でも冬でもエアコンを入れたがる
冬になると出不精になる
逆に夏になると家から出たがらない

ふつうなら快適なはずの気温でも、ちょっとでも寒かったり、暑かったりすると敏

感に反応しやすいのが体感覚タイプ。体感覚タイプの人と一緒にいると、暑くも寒くもないのに暖房や冷房に付き合わされることがあります。暑いのに、窓を閉められることがあるかもしれません。

しかし、体感覚タイプの人にとっては、それが快適なのです。

あなたが快適だからといって、一緒にいる人も快適とは限りません。相手が気にしているときは、その人にとっては本当に不快な状態なのです。

私は視覚タイプなのですが、日本の中で最も少ない聴覚タイプの人の話を聞いて、「やっぱり違うんだな」と感じたことがありました。

その人はバイオリニストの方でした。聴覚タイプには、音楽家やミュージシャンなど、音にかかわる仕事をしている人が多いようです。

私のセミナーに参加していたバイオリニストが、困った顔をして私のところへ来てこんなことを言ったのです。

「事前に資料をいただけるのはうれしいんですけど、現場で言葉で説明していただけるほうがありがたいです。私は聞いたほうが理解しやすいんですよね」

誰が読んでもわかるようにビジュアルを多めにした資料だったのですが、それでも聴覚タイプの人は、聞いたほうが学習効果が高いのだと改めて気づかされました。

聴覚タイプの音に対する敏感さで驚いたのは、ある音楽家の話ですが、耳に入ってくる音、例えば食器が割れる音や風が窓をたたく音、誰かが話す言葉などが、ドレミファソラシドの音階で聞こえるというのです。

あらゆる音が音楽になる。その方は、子どもの頃はその音が煩わしくて、耳をふさいでいたと話していました。

あなたが気にならないことでも、脳タイプが違えば気になる人もいます。逆に、あなたが気になっても、まったく気にならない人もいるのです。

なぜ彼女はプレゼントをそこまで喜ばなかったのか？

以前、友人からこんな話を聞いたことがあります。

「彼女の誕生日にプレゼントを何時間もかけて選んだのだけど、渡したときの反応がいまいちだった。喜んでくれていたようなのだけど、反応が薄かったんだよね」

これは、彼女の脳タイプとプレゼントの相性が原因かもしれません。

あなたは、プレゼントを渡してこんな反応をされたことはありませんか？

同じものを渡したのに、すごく喜んでくれた人とそうでもない人がいた

メッセージカードに工夫を凝らしたのに、カードをスルーされた

「いつもありがとう」と言って花を1本プレゼントしたら、大感激された
大きな箱に入れてプレゼントしたら、開ける前から大喜びしてくれた

どんなプレゼントでも基本的にはうれしいものですが、脳タイプに合わせてひと工夫すると、さらに喜んでもらえます。というのは、脳タイプによって、喜ばれるプレゼントにも違いがあるからです。

あなたの渡したプレゼントの反応が悪かったのは、もしかすると脳タイプに合っていなかったのかもしれません。逆に、予想以上に喜んでもらえたのは、脳タイプにピッタリだったのかもしれません。

視覚タイプ…見栄えを重視する
聴覚タイプ…メッセージを付ける
体感覚タイプ…肩に手を置いたり、ハグしたりしてから渡す。プレゼントを肌触り

のよいものや香りのよいものにする

これが、脳タイプ別好まれるプレゼント。

例えば、花をプレゼントするとしたら、こんな違いになります。

視覚タイプ…色、形、バリエーション、デザインにこだわる
聴覚タイプ…メッセージカードを付ける、言葉を口にしながら渡す
体感覚タイプ…香りのよいもの、香りが長続きするものを選ぶ

脳タイプに合わせてアレンジするだけで思いも伝わるし、相手も喜びます。

あなたが聴覚タイプでメッセージ付きがうれしいとしても、プレゼントを贈る相手が視覚タイプならメッセージにこだわると喜び半減の可能性もあります。

せっかくのプレゼントが、「私のことをわかっていない」「自分のことを理解してもらえていない」なんて思われたとしたら、残念なイベントになってしまいます。

脳タイプ別
よろこばれるプレゼント
視覚タイプには
見栄え重視！
聴覚タイプには
メッセージをつけて
体感覚タイプには
ハグ
もしくは
香りのよいもの
フワフワ
肌触りのよいもの

体感覚タイプは言葉をかみしめて話す

あなたは早口で話すほうですか？　それともゆっくり話すほうですか？
話し方の特徴も、脳タイプによって違う傾向があります。

早口で話す人からすると、ゆっくり話す人はまどろっこしいし、急いでいるときはイライラします。自分の会話のリズムに合わないことに違和感を覚え、やりづらい相手だと思ってしまうこともあります。

逆にゆっくり話す人からすると、早口で話されるとついていけないときがあるし、重要な要件のときは、あまりの素っ気なさにムッとくることもあります。自分のリズムと合わないことで、苦手意識が芽生えてくることもあるでしょう。

早口で話す人も、ゆっくり話す人も、自分のリズムで話しているだけで、悪気はまったくありません。**脳タイプの違いから、話のリズムが異なることがある**のです。

リズムの違いがはっきり分かれるのが、視覚タイプと体感覚タイプ。

視覚タイプは早口で、体感覚タイプはゆっくり話す傾向があります。

視覚タイプが早口になるのは、頭に浮かんだ映像を反射的にすべて言葉にしようとするからです。一方、体感覚タイプがゆっくり話すのは、体で感じて、かみしめながら話すからです。

以前、子どもとうまく言葉のキャッチボールができないと相談を受けたことがありました。

「自分の言ったことが伝わっていないようで、返事はするけれど、ポカンとした顔をしているんですね。それに、とてもゆっくり話すんですよ。なんだかテンポが合わなくて……」

私は、そのお母さんに脳タイプによって話し方に違いがあること、そしてお子さんが体感覚タイプであることを伝えて、できるだけ子どものリズムに合わせて話すようにアドバイスしました。

子どもがポカンとしていたのは、やはりお母さんが早口すぎて理解できていなかったようでした。

とりあえず返事をする、というシーンは、親子関係だけでなく、仕事でもよくある話です。

相手がゆっくり話す人だとしたら、早口な自分の言葉が正確に理解できず、聞き取れていない可能性があります。再度、確認するのも1つの方法です。

逆に、自分が体感覚タイプだとしたら、相手が早口で理解できなかったときは、遠慮せずに聞き返すとよいかもしれません。

そんな小さなほころびから、人間関係はギクシャクし始めるものです。

一生懸命説明してもムダになる脳タイプ

あなたは、何度説明してもわかってもらえなくて頭を抱えたことはありませんか？　説明するのが面倒になって、結局、「もういいから」と相手には何もさせず、自分でやってしまったことはないでしょうか？

そんなときは、丁寧な説明は省いて、相手に一度やらせてみてください。最初はぎこちないかもしれませんが、やらせてみたら意外とできることがあります。

何かを教えるときに丁寧に説明したほうが早く身につく人と、説明するより体験させたほうが早く身につく人がいるのも、脳タイプの違いです。教えてもわかってもらえないのは、教える側と教わる側の脳タイプの違いが原因の可能性があります。

視覚タイプ…全体像を見せる。図や絵があるとさらに効果的
聴覚タイプ…丁寧な説明が必要
体感覚タイプ…簡単な説明で、実体験させる

例えば、企画書づくりを教えるとき。

視覚タイプ、聴覚タイプには、企画書作成手順マニュアルを作成して、一から説明してあげると、企画書づくりを覚えるスピードが上がります。視覚タイプなら、マニュアルにイラストや図版などのビジュアル要素がふんだんに盛り込まれていると、さらにスピードが早くなります。

体感覚タイプには、きっちりしたマニュアルを渡すより、簡単な手順を説明したら、即実践。すぐに企画書づくりに取り組んでもらうほうが早く覚えてもらえます。


スポーツを教えるときも同じです。

視覚タイプには、体の動かし方や使い方を見せたり、聴覚タイプには座学で説明してからのほうが効率的ですが、体感覚タイプは体を動かすのが先。口であれこれ説明するよりも、一度体験させてみるほうが上達の近道なのです。

営業担当時代は素晴らしい成績だったのに、選手時代はすごいプレイヤーだったのに、教える立場になったらうまく後輩や部下を育てられない人、いますよね。

それは、自分と脳タイプが違うのが原因なのかもしれません。

体を動かしたほうがすぐ理解できる人に、理論的にいくら言葉で説明しても、時間ばかりかかってしまいます。逆もしかり。

指導しているほうは「どうしてできないの？」、指導されているほうは「言っていることがわからない」とか、「いきなりこうしろと言われても」とか戸惑うばかり。

そして、教えるほうはあきらめて、期待しなくなる。

あなたにもそんな経験がありませんか?

実はこれが、成長が止まる原因の1つでもあるのです。

あなたは、**「ピグマリオン効果」**という言葉を聞いたことはありますか?


ピグマリオン効果とは、教育心理学用語で、ほかの人から期待されると成績が向上する現象のことをいいます。

ピグマリオン効果を提唱したアメリカの教育心理学者であるロバート・ローゼンタールの実験は小学生を対象としたものでしたが、大人でもほかの人に期待されるとモチベーションは上がるものです。


期待しなくなるのは、教えても成長しない自分と脳タイプの違う相手だけが原因でしょうか? いや、そうとは言い切れないかもしれません。

すぐれたコーチや上司は、いろいろなタイプの人を育てる天才です。それは、教えることは同じでも、相手に合わせて脳タイプ別に教え方を変えられるからなのです。

3種類の脳タイプを診断する8つの質問

ここまで読み進めてきて、あなたは自分が何タイプだと思いましたか?

後ほど「脳タイプ診断」を用意していますが、自分が何タイプか判断できない人も多かったのではないでしょうか。

例えば、沖縄旅行で最初に思い浮かぶのは「エメラルドグリーンの海」で、北海道旅行だと「肌を突き刺す寒さ」ということがあると思います。これだと、沖縄のときは視覚タイプで、北海道のときは体感覚タイプだったということになります。

また、仕事だと頭で理解してからでないと着手できないのに、趣味のスポーツだと、とりあえずやってみて覚える。これだと、仕事では視覚タイプか聴覚タイプで、趣味では体感覚タイプということになります。

過去の自分を振り返ってみると、誰でも、いろいろなタイプの自分がいることに気づきます。あなたはどうでしたか？　あるときは視覚タイプ、あるときは聴覚タイプ、あるときは体感覚タイプだったのではないでしょうか。

それでいいのです。

視覚タイプの人が、いつも視覚を優先的に使っているわけではありません。あるときは聴覚、あるときはそのほかの感覚器を優先的に使っています。

ある1つの出来事だけで、「あなたは◯◯タイプだよね」とくれぐれも決めつけないようにしてください。

ちなみに、幼い頃は、分野によって聴覚を優先的に使う傾向があります。それは、言葉を覚えるためだといわれています。

脳タイプは、どの感覚器を優先的に使うことが多いかで分類されます。場面によって優先する感覚器が異なるとはいえ、視覚タイプの人なら、視覚を優先的に使うことが多くなります。

それでは、あなたの脳タイプを診断してみましょう。

質問は8つ。

1つの質問に対して、(A)(B)(C)という3つの項目があります。(A)~(C)それぞれに点数をつけてください。採点は、2点(かなり当てはまる)、1点(やや当てはまる)、0点(当てはまらない)。

そして、最後に質問1~8の(A)(B)(C)それぞれの合計点を算出します。

それでは、診断を始めましょう。

質問 1

リンゴをイメージしてください。
そのときリンゴはどのように見えますか？

- □ （A）鮮明にカラーで立体的に見える
- □ （B）リンゴのキュッキュッと音がする
- □ （C）香りがする

質問 2

過去のことを思い出してください。
そのとき、

- □ （A）イメージで見える
- □ （B）声や音声が聞こえる
- □ （C）空気感を感じる

質問 3

どんなとき、楽しいと思う瞬間が
多いですか？

- □ （A）美しいものを見たとき
- □ （B）音楽や自然の音を聴いたとき
- □ （C）体を動かしているとき

質問4

仕事の場面で、この人はうまいなと
思うのはどんなときですか？

- □（A）その人の行動を見て
- □（B）その人の言葉を聞いて
- □（C）一緒に体験して

質問5

マニュアルを理解しようとするとき、
あなたはどうしますか？

- □（A）テキストを眺める
- □（B）声に出して読む
- □（C）マニュアルは見ずとにかくやってみる

質問6

エクササイズを始めようと思い映像を
見ています。あなたはどうしますか？

- □（A）とにかく講師の動きを観察する
- □（B）講師と同じ言葉や声を出す
- □（C）とにかく体を動かす

質問7

「海のように広い心」という言葉を聞いて、
どんなイメージが出てきますか？

- ☐（A）雄大な海の映像が見えてくる
- ☐（B）ゆったりとした波の音が聞こえる
- ☐（C）潮風のさわやかさを感じる

質問8

学習するとき、
どれが一番心に残りやすいですか？

- ☐（A）映像を見たとき
- ☐（B）音声を聞いているとき
- ☐（C）参加型のワークを体験するとき

合計	（A）　　点	（B）　　点	（C）　　点

(A)は視覚優先、(B)は聴覚優先、(C)は体感覚優先の回答になります。
(A)(B)(C)それぞれの合計点数は、どんなバランスになりましたか?

合計点数が最も高いところが、あなたの脳タイプ。
(A)が高ければ視覚タイプ、(B)が高ければ聴覚タイプ、(C)が高ければ体感覚タイプの傾向があります。
ちなみに私の結果は、(A)16点 (B)7点 (C)9点。視覚タイプになります。

脳タイプを決めつけた行動は要注意

あなたの結果はどうでしたか？　何タイプと診断されましたか？　点数のバランスはいかがでしょう？　合計点数が0点のタイプはありましたか。**合計点数が0点のタイプがない限り、例えば、視覚タイプと診断されたとしても、場面によって聴覚を優先したり、触覚や嗅覚などを優先したりしています。**ほとんどの人が、実生活では3つのタイプを使い分けているのです。

ただし、脳タイプは、子どもの頃に好きだったことが大人になっても変わらないように、年齢によって大きく変わるということはなさそうです。子どもの頃に体を動かすのが好きだった人は体感覚タイプが多いですし、図鑑を見るのが好きだった人は視覚タイプが多い傾向があります。

私は、脳タイプが年齢や環境によって変化するのか確認するために自分をモニターしていますが、13年間変わっていません。

ちなみに、欧米人は、日本より視覚タイプが多くなります。彼らが私たちより見た目を気にするのは、それが原因かもしれません。

気をつけたいのが、先ほども話しましたが、1つの言動や出来事から判断してタイプを決めつけて行動しないことです。

私たちは環境に適応するために、そのときだけ違う脳タイプになることができる器用なところがあります。

例えば、プライベートのときは体感覚の人が、仕事のときは視覚タイプになるという人がいます。

それは、全体像を見せたり、まわりの状況をよく見たりしないと進められない仕事を任されることで、成果を出すために視覚タイプにならざるを得ないからです。イベントの企画やセミナーの運営、またプロジェクトリーダーなどの仕事を任されると、視覚優位になる傾向があります。

そういう人は、プライベートではゆっくり話すのに、仕事のときは早口になるという視覚タイプの特徴が表れます。

それでは、2つのタイプを使い分けている人と、うまくコミュニケーションをとるにはどうしたらいいのでしょうか?

本来の脳タイプが喜ぶ対応をとることです。

仕事のときだけタイプを変える人は、仕事とはいえ無理していることになるため、どうしても疲れてきます。

先ほどの仕事のときだけ視覚タイプになる人は、早口で話していても、どこかでゆっくりしたいと本音では思っているのです。

仕事の合間で見せる対応から体感覚タイプかなと思ったら、「ありがとうございます」と言いながら握手したり、部下なら「おつかれさま」と言いながら肩をたたいてみたりするだけで、喜んでくれるかもしれません。ミーティングが終わったら場所を変えて、やわらかいソファのあるカフェで雑談するのもいいでしょう。

相手が本来は視覚タイプなら、景色がいいところや広々としたところが好きなので、高層階にあるカフェやホテルのラウンジなどに移動するのもいいかもしれません。

本来の脳タイプに寄り添ってあげることで、相手の態度ががらりと変わることもあります。

ただし、**タイプを決めつけて行動すると、お互いにわかりあえない原因をつくることになりかねないので、そこは注意**するようにしましょう。

第2章

「体」に操られる「脳」

右と左の絵、
どちらが笑っているように
見えますか？

あなたは、どちらが
笑っているように見えましたか？

右利きの人は右、
左利きの人は左のほうが
笑っているように見えます。

なぜこんな違いがあるのか、
次のページから見ていきましょう。

右利きと左利きでは同じものも違って見える

第1章では、脳タイプの違いがわかりあえない原因をつくるという話でしたが、第2章では、利き手や性別、生まれ育った国の違いがわかりあえない原因をつくっているという話を紹介しましょう。

先ほどの問題の絵は、実は左右反転しただけで、右も左も同じ絵です。それでも、どちらかが笑っているように見える。不思議ですよね。

実は、多くの方が右の絵のほうが笑っているように見えると答えます。

これは、**人間は右視野よりも左視野を重視しがちな認知傾向がある**からです。

この認知傾向は**「シュードネグレスト効果」**というバイアスであり、右利きの人は、特にその傾向が強く表れるといいます。つまり、右の絵が笑っているように見えると答える人が多くなるのは、人間の約9割は右利きだからと考えられます。

ただし、統計学上のことなので、もちろん例外もあります。右利きの人が左の絵が、左利きの人が右の絵が笑っているように見える場合もあります。

魚の絵を描くときは左を頭にするのが一般的ですが、魚屋さんに並べられている魚も、お皿に盛られた焼き魚も左が頭になっています。

これは、左視野にある情報を重視する、人間の認知機能が生み出した慣習の1つといえます。ひと目で「これは魚だ」とわかるようにと、人々の間でつくられていったのでしょう。

きっと動物や鳥のイラストを描くときも左を頭にする人が多いと思います。逆だと違和感がある人が多いのは、やはり右利きが多いからだといえるかもしれません。

左側重視を恋愛術に活かそうと、左側への視線を意識したヘアスタイル、メイク、ファッションなどのアドバイスをする人たちまでいます。意中の相手がいるときは、左側に座るようにと指南する人までいます。

左利きの場合は、右側重視になる人も多いようです。ちなみに、もともと左利きの私は、左のほうが笑っているように見えます。あなたが左利きなら、同じように左の絵が笑っているように見えたかもしれませんね。

このように右利き、左利きという違いでも、見え方が変わってきます。

2人で同じものを見ても、左側にある情報を重視するか、右側にある情報を重視するかが異なり、見ている世界、見たものの印象ががらりと変わるのです。

それは、相手の見方が間違っているのではなく、単に利き手が自分と違うからなのかもしれません。

夫婦でも同じ人を見ているのに全然違う印象を持っていたり、テーブルの上のものの配置の好みが違うことがありますが、優先する視野の違いが原因かもしれません。

ピンク色の識別力は、男女で10倍も差がある

男と女はもともとわかりあえない生きものだから、とよく耳にします。

あなたも、「女性は男性に比べ、おしゃべりで感情的」といった話や「男と女は脳の構造に違いある」といった話を聞いたことがありませんか？

その多くは、私からいわせると都市伝説。誤った事実が拡散しているところがあります。

そのネタ元の1つになっているのが、1982年に科学誌『サイエンス』で発表された脳梁《のうりょう》の太さの違い。脳梁は左右の脳をつなぐ連絡通路のような場所で、男性よ

り女性のほうが太いという報告でした。

それが、「女性は男性に比べ、おしゃべりで感情的」なところがあるようだという説につながっているようです。

しかし、その後の研究によると、脳梁体積に明確な性差は見られないことが明らかになっています。

それでも、「どうしてこれが楽しくないの？」「なんでそう考えるかな？」「どうしてわかってくれないの？」など、夫婦間でも、恋人同士でも、友人同士でも、同じものを見ていても性別によって受け取り方の違いを感じることがあります。

あなたも、そんな経験がありませんか？

都市伝説が多い男女差ですが、いくつかはっきりわかってきていることがあります。

その1つが、**男性より女性のほうが細かい色を識別できる**ことです。

男性は平均8分、女性は平均44分。

これは、どれだけの時間、夜景を見続けられるかという実験の結果です。

つまり、このデータが示すのは、長く見続けられる女性のほうが、夜景を楽しめるということです。

夜景デートで、輝く光の美しさに感動し、時間を忘れて見入っている女性に対し、男性は内心「夜景はもういいや」と思っているかもしれません。夜景を見た後の食事で、もし夜景の話で盛り上がらなくても、脳の性質的に仕方ないのです。


ではなぜ、このような男女の違いが生まれるのでしょうか?


最新の研究によると、男女で視覚の遺伝子構成が異なることがわかってきました。

人間の脳は、視覚野で光を感じると青、緑、赤の3種類の情報として受け取ります。

ところが、女性の中には、さらにオレンジを加えて4種類の情報として受け取れる人がいるのです。

その割合の正確な比率はまだ明らかになっていませんが、4種類の遺伝子を持つ女性は2~50%いるといわれています。

3種類から4種類になるということは、それだけ細かく色を識別できることになります。特に**ピンク系の色の識別力には10倍の差がある**といいます。

ですから、例えば、ピンク系の色のシャツを複数枚並べて、男性に「どれがいい?」と聞いても、男性にはその違いが識別できない可能性が高いのです。

よく、夫婦で買い物に行って洋服を見比べたり、試着をしたりして、夫にどちらの色がよいかと聞いても、適当に返されてしまって……という話を耳にしますが、こういう識別力の違いが影響していることも考えられます。

色の見え方は、まさに人それぞれ。同じ色に見えるか、違って見えるか。男女による脳のバイアスが大きくかかわってくるといえるでしょう。

一方、男性は、女性と比べて素早い変化をとらえる能力がすぐれているという報告もあります。

これは、視覚野の神経発達が、テストステロンという男性ホルモンで促進されているからではないかと考えられています。ニューヨーク市立大学ブルックリン校の心理学教授、イズリエル・エイブラモフによると、男性は生まれつき視覚野の神経細胞が、女性より25％多いと発表しています。

夜景の美しさはわかってもらえないかもしれませんが、流れ星を探すのは男性に任せたほうがよさそうですね。これも脳のバイアスなのです。

掃除しながら電話できない男、掃除しながら電話できる女

それでは質問です。

フローリングにモップをかけているときに電話がかかってきました。あなたはモップを置いて電話をとりますか？　それともモップをかけながら、電話をとりますか？

この対応にも男女差があります。

男性…掃除をやめて電話に集中する
女性…掃除をしながら電話をする

何かやりながら別の何かをすることを脳の同時並行処理能力といいますが、**同時並行処理が得意なのは女性で、苦手なのは男性**といわれています。

その原因はまだよくわかっていないのですが、グラスゴー大学の心理学者、ハイスベルト・ストエトによると、女性が並行処理が得意なのは、はるか昔、石器時代の頃の男女の役割分担によるものではないかと言及しています。

男性が狩猟に出かけた後の集落を守っていた女性は、料理をつくったり、掃除をしたり、野生動物から狙われないように子どもを見たりなど、たくさんの仕事を並行してこなす必要がありました。

それが、今も女性の脳の使い方として残っているのではないかということです。

1つひとつのことに集中して取り組みたい男性と、2つのことを同時に行うのが得意な女性。

このことが脳にバイアスを与えています。

以前、ある主婦の方から、こんな話を聞いたことがありました。

男性は掃除をやめて電話をとる傾向があり、女性は掃除しながら電話をする傾向があります。

「明日、子どものお友達が遊びに来るから、帰りに、息子が好きなショートケーキでも買ってきてと頼んだんです。そうしたら、買ってきたのは、本当にショートケーキだけ」

「普通は、ほかの子どもたちも好き嫌いがあるかもしれないから、一緒に食べられるように、シュークリームや焼き菓子や、いろいろなケーキを買ってきたほうが楽しいのに……。うちの夫は、本当に気が利かないんです」

逆に夫からは、「妻と一緒に買い物に行くと、すぐに余計なものを買うんですよ」と、愚痴のお返しがあります。

これも、1つのことに集中するか、2つのことを同時にできるかという脳のバイアスによるものです。

「水を買ってきて」と頼んだら水しか買ってこないのが男性で、おいしそうなものがあったからとか、気になるものを見つけたからなどと水以外のものも買ってくるのが女性といわれます。

コンビニエンスストアでの面白い実験もあります。

お店の商品棚に、ひと目でわかるようにぬいぐるみを置いて、男女に「水を買ってきてください」という実験を行いました。すると、男性はぬいぐるみの存在にほとんど気づかないのですが、女性は気づく人が多かったといいます。

女性にお伝えしたいのは、男性は悪気があって忘れているわけでも、気が利かないわけでもないということ。

ただ、同時に2つのことをするのが苦手なだけなのかもしれません。

なぜ男と女では、覚えていることにこんなにも差があるのか？

実は、記憶力にも男女差があるようだということがわかっています。

脳の構造として、記憶システムの性質として、女性のほうが、ある部分で記憶力がすぐれていることがわかってきました。

こんな話を耳にしたことはありませんか？

結婚記念日をすっかり忘れ、妻に激怒された夫。

彼女の髪型の変化に気づかずに、ムッとされた彼氏。

「嫌だ」と断られたのを忘れて、同じことを奥さんに頼んで怒られた夫。

記憶は、脳内で保管される時間によって、「短期記憶」と「長期記憶」に分類されます。

脳に入ってきた情報は、「海馬《かいば》」という部位にいったん保管され、そこですぐに忘れてもいい記憶と、長く残しておいたほうがいい記憶に仕分けされて、長期保管が必要と判断された記憶は大脳皮質に送られます。記憶についても脳のバイアスがかかるのです。

その判断基準の1つになるのが、感情がひもづいている情報かどうか。

うれしい、悲しい、楽しい、くやしい、寂しい……。

怒ったり、泣いたり、笑ったり、喜んだりした感情がともなうと、脳内で長く保管される記憶になります。この感情に深くかかわるのが、脳の中の「扁桃体《へんとうたい》」という部位です。

女性のほうが感情を伴う記憶力にすぐれているとされるのは、記憶と関連が深い「海馬」と「扁桃体」が、女性ホルモンであるエストロゲンによって活性化するからだと考えられています。

男性は出来事を切り取った情報としての記憶になりやすく、女性は感情をともなったストーリーとしての記憶になりやすい。

そして、感情をともなった記憶を有しやすい女性のほうが、記憶が長く残る傾向にあります。

同じ過去の1シーンでも、脳のバイアスによって、男女で記憶されていることが異なる可能性があります。男性が忘れてしまっているのも、女性が昔のことをずっと覚えているのも、それが原因でケンカになってしまうのも、誰のせいでもないのかもしれません。

お互いを認めることが、よりよい関係につながっていくことがあります。

彼女が駐車が苦手なのは、脳のせいだった

さて、問題です。
車は、何番の駐車場に止まっているでしょうか？

いかがでしょうか？
答えは、87番です。

難しい問題ではありませんが、駐車場の数字を180度回転しないと答えられません。

Q 車が止まっているのは何番でしょうか？

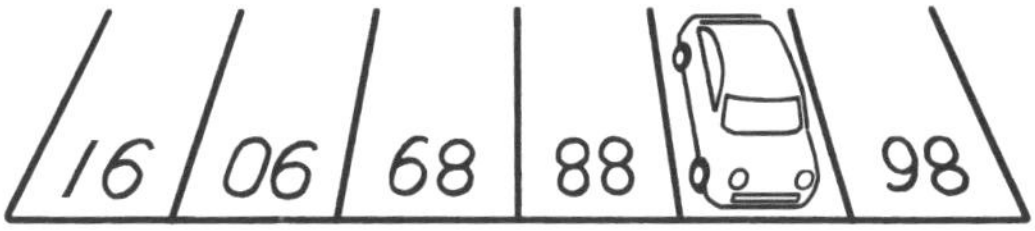

それでは、もう1つ問題です。ブロックが図のように積まれています。矢印の方向から見た図はどれでしょうか？

答えはAです。

少し難しかったでしょうか？

よくこのクイズを私のまわりの方々にするのですが、概していえるのは、女性は比較的このタイプのクイズが苦手だということです。「なぜそう見えるの？」と聞かれることもあります。

矢印の方向から見ると、A、B、C、どのように見えるでしょうか？

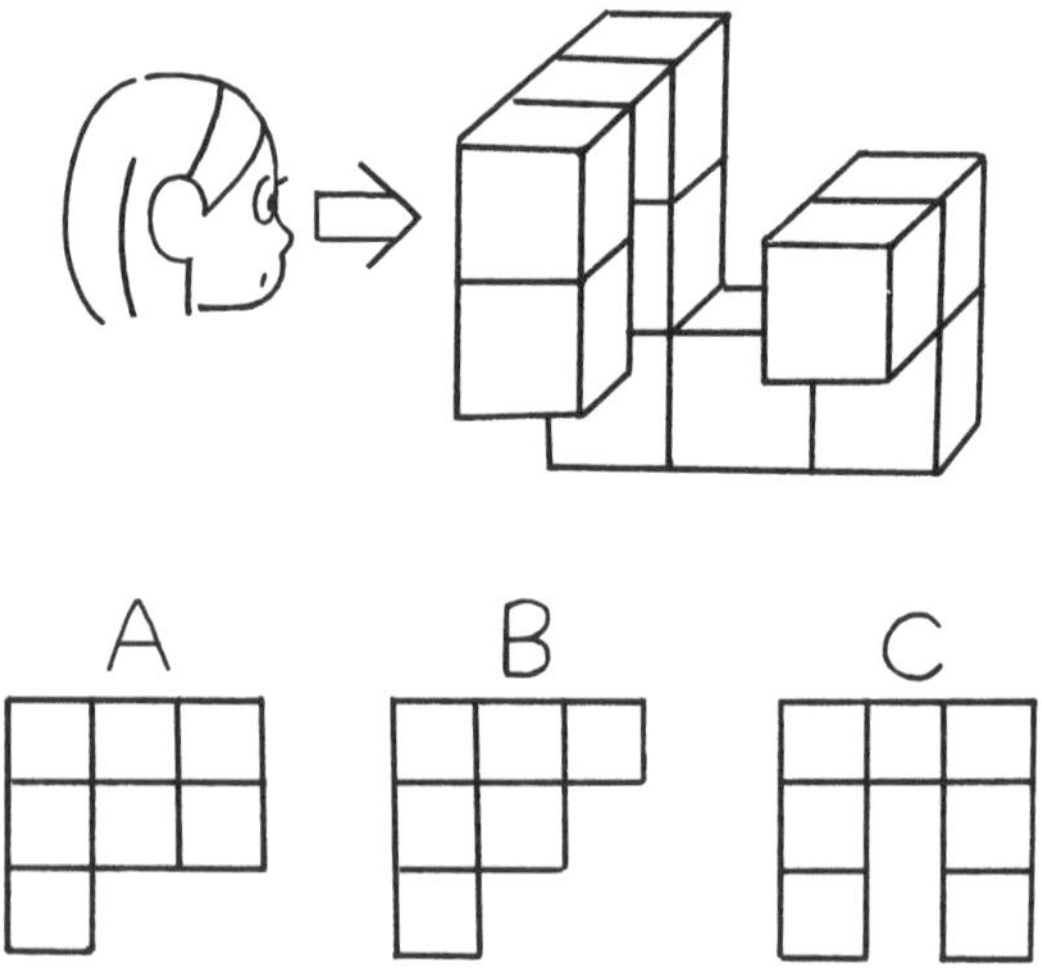

見える角度を想像で変える。ここにも脳のバイアスが作用してきます。

男性と女性の脳の使い方で、大きな差が認められているのが「メンタルローテーション」、つまり空間認識能力です。メンタルローテーションは、二次元または三次元のものを、頭の中で回転する能力で、男性のほうが比較的得意だといわれています。

ここにも脳のバイアスがあるのです。

なぜ男女でこのような脳のバイアスの違いが生まれたのかというと、これもはるか昔の男女の役割に基づくようです。

太古の昔、男性の仕事は狩猟。

獲物を探し、捕獲したら外敵に横取りされないように安全かつ確実に持ち帰らなければなりません。

そのためには、最短ルートを脳内に描ける能力が必要だったのです。

メンタルローテーションの男性優位を立証するものとして、よく例えられるのが車の運転です。

例えば、車線変更が苦手という女性は少なくありません。

駐車場「タイムズ」を運営するパーク24が車の運転技術に関するアンケートで、「苦手な運転技能は何ですか？」と質問したところ、「車線変更」と答えた女性は男性の3倍、「合流」と答えた女性は男性の3・2倍もいたそうです。

ドイツのルール大学ボーフムのクラウディア・ウルフ博士が行った実験でも、運転技術に関する男女差が明確になりました。

アウディA6（セダン）という車を使って、3つの方法（頭から／バック／縦列駐車）で駐車し、正確性と時間を計ったところ、女性は男性よりも平均して20秒多く時間がかかったそうです。

そして、時間をかけても、男性のほうが正確性が高かったといいます。

このことが示すのは、運転の上手下手というわけではなく、男性と女性とでは、頭の中で視点を反転させる処理にバイアスがかかるため、見えるものが変わってくるということです。

昔、クライアントの営業職の方から「お客様にデスクの反対側から資料をお見せするときに、説明がいつもスムーズにできないんです。逆から資料を見ると、何と書いてあるかわかりづらくて……」という相談を受けたことがあります。

メンタルローテーション力が高いと、資料を逆さにしても簡単に読めますが、低いとなかなか読めません。

そこで、私がアドバイスしたことは、「相手の隣りや斜めに座れるような円形のテーブルがあるカフェやラウンジを探してみてください」ということでした。

それ以来、資料を同じ側から説明できると交渉がうまくいくようになったようで、

「業績まで上がりました」といううれしい連絡がありました。

自分の脳のバイアスを知ると、対処方法もあるということです。

色の識別力、同時並行処理能力、記憶力、メンタルローテーション力。異なる脳のバイアスがかかるのですから、私たちがわかりあえないのは、当然といえば当然なのかもしれません。

あなたがわかる、憶えている、見えているからといって、そのことを同じように、相手がわかる、覚えている、見えているとは限りません。それぞれに脳のバイアスがかかるので仕方のないことなのです。

ここで紹介した脳のバイアスのうち、男女差に関するものについて、誤解を招かないようにひと言付け加えておきます。

遺伝子の違いによる色の識別力以外の能力は、あくまでも統計的に男女によってそのような傾向（有意差）があるという意味です。

もちろん、2つのことを同時に処理できる男性もいれば、高い空間認識能力を持つ女性もいますので、偏見を持たないように心がけてください。

あくまでも統計的にみられる有意な差であり、この限りではないことを念頭に置いていただければと思います。


さて、質問です。

Q　どちらの絵文字が笑っていると思いますか？

(^_^)

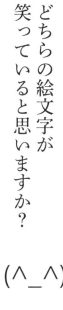

目で感情を読む日本人、口で感情を読む欧米人

あなたは人と会話するとき、相手の顔のどの部分を見て話をしますか？

２つの絵文字はどちらも笑っている顔を表したものですが、どちらを選ぶかは、人の顔を見るときにどこを見るかで分かれます。

上の絵文字は目を見る人
下の絵文字は口を見る人

顔のどのパーツから情報をインプットするか。ここにも脳のバイアスがかかわってきます。

このクイズを日本で生まれ育った日本人と、アメリカ・ヨーロッパで生まれ育った

欧米人とで答えを比べると、**日本人の多くは、上の絵文字を**選びます。

一方で、**欧米人の多くは、下の絵文字を**選びます。

このことが示すのは、人と会話をするときに、目を見る傾向のある日本人と、口を見る傾向のある欧米人の違いです。

会話をしているときの表情を観察すると、欧米人の視線は口に集中しているそうです。一方で、日本人の視線は目に集中しているか、いろんなところを見て散乱しており、口元に集中していないということが報告されています。

欧米人は、感情表現も言語の一部ととらえているところがあるとされており、顔だけでなく体も使って感情を表現します。それだけに、日本人より圧倒的に感情表現が豊か。そして、その表現がもっとも表れるのが口だといわれています。

口元で感情を読み取る欧米人

口元で感情表現しないから、目で感情を読み取る日本人

この違いをわかりやすく示すのが、欧米人のマスク嫌いです。

コロナ禍で、重要な感染対策といわれているのが、マスク。インフルエンザの季節になるとマスク着用が当たり前の日本では、ほとんどの人がマスク着用に抵抗感があまりないと思います。

ところが欧米ではマスク着用が一般化するまでに、しばらく時間がかかりました。それどころか、少しでも感染者が減ると、すぐにマスクを外している人が目立つようになります。

欧米人がマスクをつけたがらないのは、マスク着用の文化があるかないかではなく、マスクをつけることで、相手の感情がわからなくなるのが嫌だということが大きいと思います。

相手の感情をどこから読み解くか。

これも脳のバイアスです。

これは、子どもの頃からの習慣や教育によるところが大きいのですが、口元の動きや目の動き、声の出し方など、どこから情報をインプットするかによって、自分と相手の感情の認識に大きな違いが生まれてくることがあります。

感情をどの部分で表現し、どの部分から読み解くか。

外国人とのコミュニケーションでは、特に意識したいポイントです。

欧米人は物ごとの背景が見えない

欧米人と日本人とでは、ものの見え方が異なる、見ているもののとらえ方が異なるという、さらに別の事例を紹介いたしましょう。

２つの写真を、あなたならどう解説しますか？

例えば、虎の写真は、こんな感じでしょうか。
水辺に佇んでいる虎がいる
川にエサを探しに来た虎がいる
虎が岩陰で遊んでいる小さな虫を見つけた

Q. この写真を解説してください。

「Cultural variation in eye movements during scene perception」
Chua H.F.et.al.PNAS,Vol.102(35), P12629-33, 2005

例えば、飛行機の写真は、こんな感じでしょうか。
アルプス山脈を飛行機が飛んでいる
視界良好の空を飛行機が飛んでいる
雪山を向こうに飛行機が飛んでいる
どれも間違いではないし、あなたの答えも、きっと写真に写っていることをうまく伝えられていると思います。

それでは、欧米人が2つの写真を見て、どう解説するか。
「虎がいる」
「飛行機が飛んでいる」

えっ、と思うかもしれませんが、これが欧米人の多くの人の回答です。そこに何があるかのみに注視する。メインの対象物が何かがわかればよしとする、これも脳のバイアスの作用です。

実際、2つの写真を見たときの目の動きを追跡した実験があります。ミシガン大学で行われた実験で、被験者はヨーロッパ系アメリカ人の学生25人と中国で生まれ育った学生27人です。

アメリカ人…虎や飛行機にすぐ目を向け、じっと見ている時間が長い
中国人…目を動かし、特に背景に注目しながら、背景と手前に写っている虎や飛行機との間を行ったり来たりする

ミシガン大学の心理学教授であるリチャード・E・ニスベットは、著書『木を見る西洋人　森を見る東洋人思考の違いはいかにして生まれるか』の中で、**西洋人と東洋人のものの見方の違いを、分析的思考（森を見ずして木を見る）と包括的思考（森ばかりを見る）**としてとらえています。

そこにあるものだけを見るか、その背景にあるものにも注目するか。生まれ育った文化などに影響され、それも脳のバイアスとなり、情報の取捨選択の仕方が変わります。

目の前にあるものは同じでも、見ているものが違う。

これが、欧米人と日本人を含めたアジアの人との違いです。

当然、欧米人とアジア人では印象に残ることも違えば、写真や絵を見たときの感じ方も異なるでしょう。

ある実験では、同じ写真や絵を見たときに、日本人はアメリカ人に比べ、背景についての情報を60％多く、背景と手前に写っている物との関係については2倍多く話したといいます。

日本のアニメはメインのキャラクターだけでなく背景まで細かく描かれていますが、アメリカンコミックの背景は、日本人から見ると大ざっぱに感じませんか？　この違いも、もしかすると、ものの見方の国民性の違いなのかもしれませんね。キャラクターがかっこよく描かれていれば、背景はさほど重要視されないのでしょう。

外国人と話をしているとき、なんとなく感じる違和感は、もしかしたら、ここに起因しているのかもしれません。

国際結婚をしたご夫婦が、コミュニケーションが難しいとお話しされることがあります。背景によく注目している日本人と、背景をあまり見ていない外国人とでは、話をしていてもときにかみあわないことがあるのは当然のことなのです。

部分を見るか、全体を見るか

「和をもって尊しとなす」

日本人が大好きな「和」の起源ともいわれる聖徳太子の十七条憲法の冒頭に掲げられている言葉です。あなたも、どこかで聞いたことがあると思います。

和を乱さないように振る舞うのが日本人の特徴で、海外から見ると個性が足りないといわれることもあります。チームスポーツでも、チームワークにすぐれているのが日本チームのストロングポイントだと紹介されることがよくあります。

さて質問です。

左の下にあるAとBの花、あなたはグループ1とグループ2のどちらのグループに属すると思いますか？

Q.
下のA、Bの花を、
右と左のグループの
どちらかに分類してください。

分類結果は、東洋人と西洋人ではっきりと傾向が分かれます。脳のバイアスの違いがよくわかります。

東洋人はＡの花はグループ１、Ｂの花はグループ２に分ける傾向がある。
西洋人はＡの花はグループ２、Ｂの花はグループ１に分ける傾向がある。

質問にあった花は、１つとして同じものはありません。すべてどこか違うところがあります。それでも、東洋人と西洋人は異なる視点と考え方でグループ分けをします。

東洋人…「何となく全体の雰囲気が似かよったもの」が集まっているグループで対象を分類する
西洋人…「花の茎の部分がまったく同じ形をしている」という明確なルールでグループ分類する

私も初めてこの事実を知ったとき、「ここまで見ている世界が違うのか」と衝撃を受けました。分析的思考と包括的思考の違いは、ここまで国民ごとに異なるのです。

それでは、次の質問です。

パンダ、サル、バナナ

この3つのうち、共通点があるのはどの2つでしょうか？

あなたはどの2つを選びますか？

西洋人の多くは、パンダとサルを選びます。なぜなら、2つは同じ「動物」という具体的で目に見える共通項があるからです。

東洋人は、サルとバナナを選ぶ人が多くなります。なぜなら、「サルと好きな食べ物」という目に見えない関係性を大切にするからです。

背景や関係性に目を向けない西洋人は、「サルがバナナを食べる」という関係は無視してしまう人が多いのです。

全体との関係性まで見るか、個だけを見るか。

この違いは、人間関係の考え方などにも表れます。例えば、仕事における評価の違いがそうです。

海外で働く日本人の悩みがその1つ。私の以前のクライアントである知人も、その違いをしばらく理解できずに、数年間、悩んでいたそうです。

彼が言うには「会社の業績は上がっているのに、ちっとも評価が上がらない。自分はしっかりと貢献しているはずなのに、納得がいかない」。

その話を聞いたとき、私はまさに、この、日本人と欧米人の見方の違い、脳のバイアスの違いが頭にふと浮かびました。

海外では、会社の業績と社員個人の努力を積極的に関連付けて考えることは、あまりありません。関係性や物事の背景にあまり目を向けない脳のバイアスの違いが、顕著に表れていると言っても過言ではありません。

会社の業績がよかったとしても、自分の仕事がその業績にどれだけ貢献しているかを目に見える形ではっきりアピールしなくては、個人の評価が自動的に高まることはないのです。

日本の企業の中でもあることですが、海外となるとさらに顕著。日本では美徳とされる目に見えない自己犠牲は、海外ではあまり評価の対象にならないのです。

私の知人は、いかに貢献しているか数値化してアピールするようになったら、評価されるようになったといいます。

母親を自分と同化して考える東洋人の脳

母親と娘、あるいは母親と息子など、親子関係について相談されることが多いのですが、興味深いお話をしようと思います。

日本人は自分の親のことを、あたかも自分のことのように考えて思いやり、ときには悩むことは少なくありません。ですが、実は親子の考え方にも、脳のバイアスがどうやらあるようなのです。

東洋人と西洋人とでは、親に対する見方や見る視点が違っていることがわかってきました。

ひと言で言ってしまえば、**関係性を重視する日本人。あまり重視しない欧米人。**

それは、個人主義で生き抜いてきた欧米人と、関係性を大切にして協力しながら生

●本書へのご意見・ご感想をお聞かせください。

ご 協 力 あ り が と う ご ざ い ま し た 。

郵便はがき

切手を
お貼りください

105-0003

（受取人）
東京都港区西新橋2-23-1
3東洋海事ビル
（株）アスコム

なぜ、あなたの思っていることは
なかなか相手に伝わらないのか？

読者　係

本書をお買いあげ頂き、誠にありがとうございました。お手数ですが、今後の出版の参考のため各項目にご記入のうえ、弊社までご返送ください。

お名前	男・女	才
ご住所　〒		
Tel	E-mail	
この本の満足度は何%ですか？		%

今後、著者や新刊に関する情報、新企画へのアンケート、セミナーのご案内などを郵送またはeメールにて送付させていただいてもよろしいでしょうか？
□はい　□いいえ

返送いただいた方の中から**抽選で5名**の方に
図書カード5000円分をプレゼントさせていただきます。

当選の発表はプレゼント商品の発送をもって代えさせていただきます。
※ご記入いただいた個人情報はプレゼントの発送以外に利用することはありません。
※本書へのご意見・ご感想およびその要旨に関しては、本書の広告などに文面を掲載させていただく場合がございます。

き抜いてきた東洋人との文化の違いなのかもしれません。

最近の脳科学の研究では、東洋人と欧米人では、脳の反応場所が異なることまでわかっています。

脳の活動をスキャンしながら、アメリカ人と中国人に次のような実験をしました。最初に、さまざまな形容詞を示して、それが自分に当てはまるかどうか、そして自身の母親に当てはまるかどうか尋ねました。するとこんな結果になりました。

アメリカ人…自分と母親のことを考えているとき、脳はそれぞれ違う部分が反応

中国人…自分と母親のことを考えているとき、反応している脳の部分がほとんど同じ（自己表現に関する「内側前頭前野《ぜんとうぜんや》」が同じように活性化）

これは、アメリカ人は母親を他人として考え、中国人は自分のことのように考えられるということです。もしかすると、日本人が考える「わかりあいたい」という思いも、欧米人のそれとはまったく違うものなのかもしれませんね。

それでは、国民性の違いをよく表すとされる有名な質問を最後にご紹介しましょう。

大型船が座礁しました。できるだけ多くの人を救うには、乗客に少しでも早く海に飛び込んでもらわなければなりません。船長のあなたは、いろいろな国の乗客にどういう声をかけますか？

アメリカ人には「飛び込めば、あなたはヒーローですよ」。
イギリス人には「飛び込んだら、あなたは紳士になれますよ」。
ドイツ人には「飛び込むのはこの船のルールになっています」。
イタリア人には「飛び込むと、女性にもてますよ」。
日本人には「みんな飛び込んでますよ」。

少々オーバーではあるのですが、同じことをお願いするにしても、国民性によってこれだけの違いがあるのです。

人間関係をどう見るか、どの視点から見るか。脳のバイアスの違いを知ることが、互いをわかりあおうとする一歩になるといえるでしょう。

第3章

「環境」に操られる「脳」

Q.

あなたは、
どちらの人が
やさしい人だと
思いますか？

A.

B.

あなたは、ソファに座る人と椅子に座る人、
どちらの人がやさしい人だと思いましたか？

もしかすると、ソファに座っているほうがやさしい人に見えるかもしれません。同じ人なのに、なぜ違ったイメージになるのか、
次のページから見ていきましょう。

ソファに座るか椅子に座るかが、あなたの第一印象を変える

2つの絵で描かれている人物は、どちらも同じです。

しかし、ソファに座っている人のほうが、椅子に座っている人よりやさしい人に見えます。

なぜでしょう?

それは、**やわらかさをイメージさせるものが近くにあると、人の印象もやわらかくなるから**です。

ハーバード大学の研究によると、硬い木のブロックを触りながら登場人物の評価をしてもらうと、やわらかい毛布を触っているときに比べて、登場人物を頑固で厳格な性格だという人が多くなります。

また、やわらかいソファに座った場合、硬い椅子に座って交渉するよりも、交渉相手をより安定的な人と感じて、交渉がより柔軟になることも報告されています。

ふかふかのソファに座るか、硬い椅子に座るか。

それだけの違いで人の印象や、交渉の難易度が変わるのですから、これはぜひとも覚えておいて、日常生活の中でも使っていただきたいコミュニケーションのヒントです。

苦手な人と話をしなければならないとき、親子や夫婦でちょっと言いにくいことや難しい話をするときなどには、ソファに座って話すことをおすすめします。

私も初めてお会いする方や少し難しいお話をするときには、ソファ席を選ぶようにしています。

私の友人からは、オフィスを移転したときに、お客さまとの商談ルームのイスを、それまでのひじ掛けのない硬いタイプから、ひじ掛けが付いてクッションがきいた、やわらかいタイプに替えたところ、成約率がアップしたという話を聞きました。

要因が椅子だけとは思いませんが、やわらかい椅子がお客さまの心理状態に何らかの影響を与えたのかもしれません。


私たちの思考や判断は、あらゆるものに影響を受けています。

環境要因が変わるだけで、よく見えたり悪く見えたり、肯定的にとらえたり否定的にとらえたりします。


私たちは、自分の思考や行動は自分の意志で決めていると思いたいところですが、実際は94〜96%が無意識的に決定していることがわかっています。つまり、自分の確固たる意志というよりはむしろ、環境に左右されているといえるのです。

同様に、あなたが相手の言動にイラッときても、その言動は相手の本意ではなく、そのときのその場の環境が、相手にその言動をとらせてしまった、また自分もそのときの環境でイラっとする印象を持ってしまった、といえなくもないのです。

第3章では、あなたを取り巻く環境もまた、脳のバイアスをつくっているということをお話ししていきます。

「見えていないもの」に影響される私たちの判断

あなたの判断は環境に左右されている、といわれても、にわかには信じられないかもしれません。しかも、94～96％が無意識的に決定しているといわれると、自分を信じられなくなりそうですよね。

しかし、誰もがそうだと知ったら、安心するかもしれません。

例えば、こんな実験があります。

被験者に「囚人ゲーム」をしてもらいます。

囚人ゲームとは、ある犯罪で捕まった2人の容疑者が別々の部屋で尋問を受け、「自白するか」「自白しないか」を決断するゲームです。

2人の決断によって、受ける刑罰の重さが違ってきます。


通常は自分だけ助かろうとする人が多くなるそうです。しかし、ゲームをしているモニターの横に、2つの幾何学図形が一方を助けようとしているスクリーンセーバーを置くと、2人で助け合って「2人とも自白しない」という決断を選択する確率が上がります。

これはにわかには信じられないかもしれませんが、私たちの行動や意思決定がモニターの横にあるスクリーンセーバーの影響を受けたからです。

「見えている」という意識はなくても、目の前にあるものはすべて、視覚情報として脳内に送り込まれています。

昔から脳血管の障害で視野が一部しか見えていない患者が、なぜか障害物をよけて歩けるという不思議な現象が知られていましたが、それは見えていなくても脳に情報が届けられているからです。

つまり、**私たちは、「見えている」という自覚がないだけで、身の回りにあるものから影響を受けています。そして、思考にまで作用します。**

買うつもりはなかったけど、つい買ってしまった。

怒るつもりはなかったけど、なんとなくイラついて怒鳴ってしまった。

あなたにも、そんな経験はありませんか？

もしかすると、そのとき傍らに、自分には見えていなかったけれど、その洋服をかっこよく身につけた人が立っていたり、大嫌いなタレントが何気なくつけていたテレビに映っていたりしていたのかもしれません。
その情報が、買う、怒鳴るという行動を誘発させた可能性があります。
同様に、相手の言動も、環境に影響されています。
場所を変えると、180度違った答えや反応が返ってくることもあります。

一杯のコーヒーで人間関係が変わる

私たちは、無意識に見ている（本人は見えているという自覚はない）情報から思考を左右されますが、無意識に受け取っている体の感覚からも影響を受けます。

どうしようもなくトゲトゲしたり、イライラしたら、温かい飲みものを入れてゆっくり飲むとやさしくなり、心が落ち着くというのは、実は脳科学的に見て自分の認識をコントロールする正しい方法です。

人は、ホットコーヒーを手に持つと人にやさしくなれる、というと、みなさん、驚かれるのですが、その効果は実は科学的に証明されています。

イェール大学で行われた心理学実験によると、ホットコーヒーを手に持っていると、いつもより人にやさしくなれることが示されました。

実験では、学生をホットコーヒーを持つグループとアイスコーヒーを持つグループに分け、研究室に入る前にエレベーターの中でコーヒーを持ってもらい、その後、研究室に入ってもらって、「人に対してどんな印象を持つか」というアンケート調査を行いました。

すると、**ホットコーヒーを持ったグループは、「やさしい」「おだやか」「親切」**と答える人が優位に多く、**アイスコーヒーを持ったグループは、「やさしくない」「利己**

的」という印象の回答が多かったといいます。

自分が手にしているものが、ホットコーヒーかアイスコーヒーかで、人にやさしくなれるかどうかが変わり、自分の印象までも変わってしまうのです。

体が無意識に感じていることによって印象が変わることを、専門用語で**「身体的認知（エンボディード・コグニション）」**といいます。

体の感覚で影響を受けやすいのが、熱い、冷たいなどの温度、硬い、やわらかいなどの硬度、そして重い、軽いなどの重量です。

温かいものを持たせると、その人を温かい人だと思うし、やわらかいソファに座ると、硬い椅子に座るよりも交渉がなごやかになります。また、重いものを手渡すと、渡されたほうは相手を真面目な人と感じます。

私はよく、顔を合わせればイライラして、何かとケンカばかりだというご夫婦に、たまにはソファに座って、温かいコーヒーを一緒に飲んでみたらどうですか？と提案することもあります。


甘いものを食べると人に親切になるのも、その影響の1つです。

ある研究によると、甘いアメをなめたグループは、甘くないアメをなめたグループより、協調性が高くなるという報告があります。また、甘いものを食べたほうが、より人のために行動するようになるといいます。


面白い実験としては、オクラホマ大学のロバート教授が、ショッピングモールで行った人の親切さをはかる心理実験です。

実験内容は、すれ違いざまにペンを落としたり、両替を頼んだりして、どれほどの人が親切な対応をしてくれるか。

親切にしてくれたのは全体の2割くらいだったそうですが、お菓子を売る店舗の前で実験を行ったときだけは、親切にしてくれる人が5割になったといいます。

座っている場所や手にしているもの、食べているもの、飲んでいるものなどが影響して、脳のバイアスを生み出します。体が受ける繊細な感覚で、相手に対する印象も変わります。

逆手にとれば、こういった外的なものを変えることで、家庭内の空気をよりなごやかにしたり、会社のスタッフの雰囲気をフレンドリーに変えることができるかもしれません。

天気がいい日は、チップが増える

梅雨の時期になると、家族の相談や夫婦の相談事が増えます。何回言っても夫がルールを守らない、子どもが言うことをきかない、手伝ってくれないなどです。

実は人の思考は、天気に左右されます。ものごとの受け取り方が変わります。天気によって、脳のバイアスが起動するからです。

ポジティブな言動になるのは、もちろん晴れた日です。

あなたも、スッキリと晴れた日は気分がよくなって、買うかどうかずっと迷っていた商品をあっさり買ってしまったとか、いつもは怒るような相手のミスも簡単に許せたなんて経験はありませんか？

晴れた日は、くもりの日より、アンケートに協力する人が多くなる傾向にあるというデータもあります。

自分の目で「晴れ」を確認しなくても、「今日は晴れ」とわかるだけでも行動が変わります。

アメリカのニュージャージー州アトランティックシティのカジノホテルで、接客係が窓のない部屋に宿泊しているゲストに、今日の天気を伝え、その後のチップの金額を比較する実験をしたところ、「よい天気」と伝えるほどチップが多くなったといいます。

晴れた日ほど、気分がよくなり、相手に対する印象がよくなったり、人にやさしくなれたり、気前がよくなったりして、ホテルやレストランのチップが増えるのです。

晴れた日に気分がよくなるのは、体の特性でもあります。

バージニア州の心理・行動遺伝学研究所のマシュー・ケラー博士は、太陽の下に30分以上いると、その効果はさらに高まるといいます。

太陽の光で脳内のセロトニン神経が活性化されることで幸せホルモンのセロトニンの分泌が増え、リラックス効果が高まり、気分がよくなると考えられています。

私のところには、心の問題で相談に訪れる人もいます。

そんなときに、改善のヒントになるのが、太陽の光です。

例えば、不安症で私のところを訪れたある方には、太陽の光が脳に与える影響を説明したうえで、お昼休みに散歩することをおすすめしました。話を聞くと、仕事場から家の往復の毎日で、ほとんど外に出ることのない生活をしていたからです。

昼の散歩が習慣になってからは、症状が少しずつ改善したそうです。

うつの症状で訪れた方には、私は専門家でないことをお伝えしたうえで、部屋に植物を置くことをおすすめしました。その方が植物が好きだと話していたこともありますが、植物を置くと、毎日太陽の光をあてないといけないからです。

そうすると、毎朝、起きるとカーテンを開けるのが習慣になって、自然にその方自身も太陽の光を浴びるようになったのです。それがきっかけで症状が軽くなったといいます。植物の場合、育つのを見るという楽しみもあったのかもしれません。

知らず知らずのうちに脳も人も、実は天気に左右されていることがあるのです。

育った土地の気温がその人の社交性を決める

社交的な人か、内向的な人か。

それはまさに脳のバイアスによるところが大きいといえますが、これにも外的な要素が影響しています。

遺伝的な要因、家庭や教育はもちろん、社交性や協調性は育った土地の気候にも影響を受けるようです。

データとして明らかになっているのは、育った地域の気温で性格が変わることです。

中国、アメリカ、オーストラリア、イギリスの4カ国で、気温が22度前後で育った人、すごく寒いところで育った人、すごく暑いところで育った人に分け、性格の傾向を探る実験をしました。

結果は、22度前後の快適な気温で育った人は、極端な気温で育った人と比べると、社交性や安定性（協調性、統制性、情緒的安定性）、自己成長や可塑《かそ》性（外向性や開放性）に関する性格因子のスコアが顕著に高いことがわかりました。

温暖な気候で育った人のほうが、社交性や協調性の高い人が多いということです。

極端な気温は、それだけで生命の危険があるため、あまり開放的だとリスクがあるのかもしれません。

実際、私の個人的な経験談になりますが、私が会ったロシア人は会話中も笑顔が少なく社交的と感じにくかった思い出があります。ミーティングのときも笑うことなどありませんでした。ミーティングに参加していたロシア人の女性に、人前で笑わないのがロシアのマナーだと後から聞かされましたが、なるほどなと感じました。

また、育った景色によっても性格が変わるようです。

海の近くで生活していると外交的な性格になりやすく、山や森の近くで生活していると内向的な性格になりやすいことがわかっています。

さまざまな都市に住む61万人の性格データを分析すると、次のような傾向が明らかになりました。

山と森が多い地域に住んでいる人…内向的な性格の人が多い

海が近いところに住んでいる人…外交的な性格の人が多い

また、バージニア大学で921人の学生を対象に、山と海の写真をそれぞれ6枚見てもらい、どちらが好きかアンケートをとったところ、外交的な人は海が好きで、内向的な人は山が好き、という結果になりました。

内向的な人が山を好むのは、山のほうがひとりで過ごす時間を確保しやすいからかもしれませんね。

私の個人的な印象ですが、海が見える場所で生活している人は、外交的な人が多いように感じます。2020年に都市部から、リモートワークもできる海が見える街に引っ越してきたのですが、改めて生活環境からくる性格の違いを感じることができました。

お店に入ると開放的でフレンドリーな人が多く、今では家族のようにお付き合いしている人たちもいます。

性格も、脳のバイアスを形成する要素の1つですが、朗報としては、育った環境からつくられる性格は、新しい環境によって変わりうることがわかっていることです。

もちろん、性格的な要素は30～40%は遺伝ですし、遺伝による特性は、年を重ねるほど似てくることもあります。

ただ、私が仕事で多くの人たちをサポートしてきて思うことは、その性格の多くが意外と後天的に形成されていることが多いということです。人見知りで自分を好きでなかった方が、私のセミナーに参加して、陽気な参加者と触れ合うたびに心が楽になり、最終的に自分も相手も許せるようになったという人も何人もいます。

世の中には変えられるものと変えられないものがあります。性格もその1つでしょう。変えられない部分は受け入れて、変えられる部分を変えていく。少し環境を変えてみると、脳のバイアスが刺激を受けて変化し、これまでとは違った自分の一面が見えてくるかもしれません。

犯罪抑止に効果的だったのは、窓から見える緑だった

「タワーマンションの高層階に住むと子どもの脳の発達に悪影響があると聞いたのですが……」と相談を受けたことがあります。

実は子どもの脳だけでなく、大人の脳にも、住んでいる場所は影響します。

マンション、アパート、一戸建て。マンションなら低層なのか、高層なのか。あなたが住んでいる環境も、あなたの思考や判断に影響を与え、脳のバイアスをつくり出します。

マイアミ大学の研究によると、**高い場所に住んでいる人ほどリスクの高い決断をする傾向がある**といいます。リスクがあることについてもスッパリと決断できるようになるのは、いつも街を見下ろしながら生活していると、いつの間にか、ものごとを客観的に遠くから眺める習慣ができ、将来をより見通せるようになるからなのかもしれません。

さて、問題です。

アメリカの低所得者層のアパートは、棟によって犯罪率が変わるそうです。同じ生活レベルのはずなのに、片方にはおだやかな生活があり、片方ではドラッグが蔓延《まんえん》する。あなたは、何が原因だと思いますか？

原因は、窓から見える景色です。

ポイントは、緑が見えるか、見えないか。

緑が見える棟は犯罪率やドラッグを使用する確率が低くなり、見えるのが駐車場やコンクリートだけの棟は、犯罪率もドラッグ使用率も高くなるそうです。

犯罪率が低くなるのは、緑を見ることによって攻撃性がやわらげられるからではないかと考えられています。

生活の中に緑があるか、ないかは、私たちの思考に大きな影響を与えます。

例えば、病室。

病室から緑が見えるか、見えないかで治癒率が変わるそうです。**緑が見える病室の患者さんは、早く回復する**といわれています。

緑が水を連想させることで心が落ち着き、セロトニンが分泌されて脳の状態がよくなり、それによって免疫力が上がるのではないかと考えられています。

例えば、オフィス。

オフィスの中に観葉植物などの緑を置くと、男性は創造性が15％上がり、女性は問題解決に対する柔軟性が高まるといわれます。

ちなみに子どもの遊びにおいても、コンクリートばかりの場所で遊ぶのと、緑のある場所で遊ぶのとでは、違ってきます。緑があると創造性が豊かになるので、コンクリートばかりの場所より、遊び方のレパートリーが増えるのです。

住む場所にこだわるお金持ちの人たちが緑のある場所を好むのも、こうした脳への影響がわかっているからなのかもしれません。

ただし、アメリカの低所得者層のアパートでも、病室でも、オフィスでも、子どもの遊び場でも、共通する条件があります。

それは、本物の緑であること。緑のオブジェを置いたとしても効果はないそうです。

あなたの家や仕事場には緑がありますか？　窓から緑が見えますか？

最近、顔を合わせればイライラしてばかり。子どもが落ち着かなくて困る。頭の中がうまくまとまらない、という方。

緑を置いてみると、脳のバイアスが影響を受け、状況が変わるかもしれません。

長男長女は科学が得意、末っ子は文学が得意

あなたには、兄弟姉妹はいますか？

いるとしたら、あなたは何番目ですか？

家族構成も、あなたの思考に大きな影響を与える要素です。

長男長女だったり、末っ子だったり、一人っ子だったり、子どもの頃の自分の置かれた環境は、脳のバイアスをつくる大きな要因の1つです。

例えば、長男長女は、「長男だから」「長女だから」と自分を律して我慢することを覚えたり、上にも下にも兄弟がいる子はいつも比べられることで、いつも誰かに合わせようとするようになったり、一人っ子はなんでも準備してもらいやすい環境に依存心が強くなったり……。

大人になっても、その脳のバイアスが抜けない人はたくさんいます。

あなたの脳のバイアスも、子どもの頃の影響があるかもしれません。思い当たることはありませんか?

家族構成が思考に与える影響として、面白いデータがあります。

ロードアイランド大学のロジャー・D・クラーク博士が、1901年〜1979年のノーベル賞受賞者をリサーチしたところ、次のような結果になりました。

長男長女…科学分野が多い

末っ子……文学や平和で賞をとる人が多い

モンタナ州立大学のウイリアム・ブリス博士が、アメリカの科学者と詩人をランダムに抜き出してリサーチしたところ、次のような結果になりました。

第一子……科学者が多い

第三子……詩人が多い

この結果を、あくまで一説ですが、カルフォルニア大学のフランク・サロウェイ博士は、あとから生まれた子どもは兄や姉の能力や技能に追いつけないため、親の愛情を自分に向けさせようと自分なりに工夫するからではないかと説明しています。

それが、長男や長女とは違って創造性や独自性が求められる分野での活躍につながっているのではないかということです。

あなたのまわりには、一人っ子の人もいれば、長男長女の人もいれば、末っ子の人もいると思います。

育った環境は、その人にとっての「当たり前」と、自然に出てくる態度や行動、集団の中での立ち位置などを決めています。相手に何か違和感を抱いたとき、それは、もしかしたら、自分は長女で相手は末っ子だったという違いに起因していることがあるかもしれません。

なぜ年をとるほどに、時間の流れが早く感じられるのか?

第3章の最後に、時間の感じ方についても話しておきましょう。

みなさんが実感しているように、**時間は、人によって短く感じるときもあれば、長く感じるときもあります。**物理的な時間はまったく同じなのに不思議ですよね。

時間と脳の関係は研究が始まったばかりで、まだ正確なところまでお伝えすることはできませんが、時間の感覚が伸び縮みする理由は、今のところ3つ考えられます。

1つめは、時間に対する注意の頻度です。

楽しくて、気づいたらこんなに時間が経っていた。
すごい時間が経ったと思ったのに、まだ15分しか経っていなかった。
あなたにも、そんな経験あるかもしれません。

例えば、いやいや参加するつまらない会議、学校や会社の式典での「偉い人」のお話、苦手な人とのランチ会など、「早く過ぎないかなあ」と時間の経過に注意が向けられる頻度が高いほど、時間を長く感じます。

逆に、好きな人といるときや、好きなアーティストの音楽を聴いているとき、趣味に没頭しているとき、気の置けない友達と旅行に出かけているときなど、時間についてあまり注意が向かないときは、あっという間に感じます。

2つめは、体験する出来事の数です。

「ジャネーの法則」と呼ばれる現象ですが、**脳は新しい体験をする回数が多いほど、たくさんの出来事を経験したと記憶し、その結果、たくさんの時間を費やしたと感じます。**

例えば、直近の1カ月、日々新しい仕事ばかりこなしている人は、1か月前のことを数カ月前のように感じます。

逆に、この1カ月、ルーチンワークばかりで、毎日同じ生活という人は、1カ月をあっという間に感じる傾向があります。

私自身は以前国家公務員（同じ人としか付き合わない仕事）でしたが、気づいたらもう1カ月経っているということがよくありました。

しかし、現在は講演会や新規の仕事で毎日のように新しい人に会ったり、話したりする機会が多いため、1カ月前のことが数カ月も前のように感じることがよくあります。半年前の旅行の写真を見ると、3年前のことのように感じて驚くこともあります。

どんな仕事をしているかで、時間の感じ方はまったく変わってしまうのです。

3つめは、代謝によるものです。

あなたは、午前中より午後のほうが長く感じることはありませんか?

それは代謝が高くなっているからです。

代謝が高いほど脳細胞の活動が活発になるため、脳内の時間の知覚が活発になります。するると、脳はその都度、一瞬一瞬を出来事として記録します。その結果、同じ時間でも記憶を刻む回数が多くなるため、たくさんの出来事を経験したことになり、時間が長く感じられるのです。

子どもの頃、1カ月の夏休みが長く感じられても、年をとるほど1カ月はあっという間に過ぎていくような経験はないでしょうか？　それは若いときは、代謝が高く、年をとるほど代謝が落ちていくからなのです。

高齢者と若い人の間でも、時間の感じ方に差が生まれてしまいます。

時間の感じ方は、人によって異なります。まさに脳のバイアスを実感できる好事例といえます。

あなたは短く感じていても、一緒にいる人は長く感じているかもしれません。

自分が大好きな映画を友達と見ているとき、その友達はその映画があまり好きではなかったら、「この映画長いなあ。時間がなかなか経たないなあ」と感じているかもしれません。逆もそうです。

待ち合わせにいつも遅れてくる友達がいて困っている方。それは脳のバイアスの違いによるものです。約束の時間の数分前には到着する人、いつも数分遅れる人。なかには、30分遅れても平気な人。それぞれ異なる時間の世界を体験している可能性があります。

Jタウン研究所が行った「あなたにとってドタキャンとは何か？」というアンケート調査では、こんな結果が出ています。

1日前…36・4％
18時間前…22・4％
6時間前…19・4％
1時間前…16・1％

同じドタキャンでも、1日前という人もいれば、1時間前という人もいます。

ちなみに、沖縄県の人たちは、「1時間前」が一番多かったそうです。

沖縄に限らず、温暖な地域の人は比較的、時間にゆるいところがあります。それは、気温が高いことで代謝が高くなり、同じ1時間でも長く感じるからなのかもしれません。

「あっという間だったね」が共有できるかどうかは、さまざまな条件が自分と相手とそろうかどうかなのです。脳科学や心理学的に時間の感覚を考えると、相手と共有できることが、むしろ、奇跡的といえるかもしれません。

第4章

思い込む「脳」

Q.

この絵の中に
時計は
いくつありますか？

正解は５つです。

それでは、もうひとつ問題です。

前のページの絵にバケツはいくつありましたか？

ページを戻らずに答えてください。

ブランドのバックを手に入れると、街中でよく見かけるようになる

バケツの数はわかりましたか?
答えは5つです。ちょっとずるい質問ですよね。

では次の問題はいかがでしょうか?

目を閉じて、あなたの部屋に黒いものがいくつあるか答えてください。

いかがでしょうか?
おそらく、ほとんどの人が正確に答えられないと思います。
目を開けると、思っている以上に、黒いものがあることに気づきます。

いつも見ている部屋ですが、「見ているようで見ていない」のです。

さて、こんな経験はありませんか?

奮発してブランドのバックを買ったら、やけに同じバックを持っている人が多いことに気づいた。

この色はめずらしいと思って洋服を買ったら、いたるところで同じ色の洋服を着ている人を目にするようになった。

新しい車を買ったら、街中で同じ車が走っているのを見かけることが多くなった。

思い切ってショートヘアにしたら、最近ショートヘアの子が増えたように感じる。

同じブランドのバックや同じ色の服、同じ車、そして同じ髪型の子が、突然、目の前に現れるようになったわけではありません。あなたがそう感じる以前から、バッグも洋服も車もショートヘアの子も、変わらずにいたはず。

気づかなかったのは、脳が関心のあるものだけを選んで見ていたからなのです。

こうした、ある意味**脳の勝手な情報の取捨選択は、あなた自身の思い込みや偏った常識などから引き起こされます。**そして、その**思い込みや偏った常識を心理学用語では「認知バイアス」**といいます。

そんな認知バイアスは、実は、私たちの「なんでわかってくれないの？」「なんでそうなるの？」といったわかりあえない状況をつくっている原因の1つです。

第4章では、このバイアスの世界について話していくことにしましょう。

脳は「見たいもの」を選んで見ている

「なんだか話がかみあわない」
「あの人の言うことは、どうもよくわからない」

同じ空間にいても、人はまったく異なるものを見ています。
あなたが見ているものと、あなたと一緒にいる人が見ているものは違うのです。あなたは、あなたが見たいものを見ているし、一緒にいる人は、その人が見たいものを見ています。まさに、脳のバイアスがそうさせています。

人間は、自分の関心があるもの以外は、見ていないのです。

それを立証した有名な実験が、1999年にハーバード大学のダニエル・シモンズ博士とクリストファー・チャブリス博士が行った『見えないゴリラの実験』です。

内容は、バスケットボールの試合の映像を見せて「何回パスをするか？」を数えてもらうというもの。実は映像内で着ぐるみの大きなゴリラがダンスを踊っているのですが、普通は気づくはずのゴリラに約半数の人が気づくことができません。

どうして見えなかったかというと、パスの回数ばかりに関心があり、ゴリラが見えていてもゴリラの情報を脳はスルーしてしまったからです。

こうした自分が**ほしい情報ばかりを集め、それ以外の情報は無視して見えなくなってしまうことを、脳の「選択的注意」もしくは認知バイアスの中の「確証バイアス」**といいます。

こんな話がありました。

「友人が信じられなくなりました。先日パーティで、私が離婚していることをほかの人に話しているのを聞いてしまったのです。悪口を言われるなんてショックでした」というのです。

よくよく聞いてみると、そのご友人は別に悪口を言っていたわけではなく、ほかの方の相談に乗っていて、あくまでも一例として彼女に離婚経験があることを話していたようなのです。

ですが、それ以来彼女は、「選択的注意」が働いて、やけに離婚に関するワードや自分に対するよくない評価の言葉が聞こえるようになってしまったのです。よい評価をされていても、マイナスな情報ばかりに意識が向き、よい情報を脳が認知できなくなってしまっていました。

そして、脳はマイナスな情報が何度も入ってくると、だから「私は人から評価されていないんだ」と確証するようになり、思い込みがより強固になってしまうのです。

この現象は、別名**「バーダー・マインホフ現象」**ともいわれますが、今まで意識していなかったものを意識するようになると、無意識にバイアスが強く働き始めるようになります。

つまり、それまで所有していなかったブランドのバックを手に入れると、やけに同じバッグが目に入るようになるのは、「選択的注意」で目の前にあるたくさんの情報の中から、同じブランドのバックに注意が向けられるようになったからです。

そして、何度か同じバックを目にすることがあると、確証バイアスの作用でバッグの情報ばかりを集めるようになり、「最近、私と同じバックを持つ人が増えているんだ」という思い込みが確信に変わっていきます。

バーダー・マインホフとは、元はドイツ赤軍のテロリストグループの名前です。

ある新聞記者が友人とバーダー・マインホフの話をした翌日に、友人から「ニュースで見た」という連絡を受けて驚いたという体験談を新聞に投稿したところ、同じような体験談がほかの読者からも次々に投稿されるようなりました。

このことから、認識したとたんによく目にするようになる現象のことを「バーダー・マインホフ現象」ということで広まったといわれています。

あなたは晴れ男・晴れ女を信じるか？

あなたは、晴れ男・晴れ女を信じますか？

この晴れ男・晴れ女の存在を信じるというのも、実は確証バイアスの作用によるものです。

この確証バイアスを実感できるクイズを紹介しましょう。

Q. 上の絵と下の絵で違うところはどこでしょうか？

あなたは、いくつ間違いを見つけられましたか？
答えは、５つです。

①時計の時間
②花びんの形
③本の数
④瓶のラベル
⑤絵の外枠

すべて答えられましたか？
５つ目の絵の外側の枠が変わっていることにも気づけましたか？
実はほとんどの人は外枠の違いに気づきません。
それは、「絵の外枠は変わらない」という思い込みがあるからです。

上の絵と違う絵で違ってたのはここだった！

変わるはずがないという脳のバイアスがかかると、外枠が見えなくなります。見る対象から外れ、目に入らなくなるのです。

間違いに気づけたところは、変化しているかもしれないと思う脳のバイアスが作用したから、注意深く見ることができたのです。

脳のバイアスの一種「確証バイアス」がかかるのは、このような視覚情報だけではありません。

先に紹介した晴れ男・晴れ女の話に戻りますが、実際、晴れ男・晴れ女は存在するのかというと、現実的に考えると、確率的には、かなり低いといえるかもしれません。なぜなら、日本は年間で100日以上、雨が降る国だからです。1年の間で4分の1〜3分の1の確率で雨に遭遇することを考えると、「いつどこへ行っても雨に降られることはない」という人は、相当な確率になると思います。

それでも、「私は晴れ男です」とか、「あの人は晴れ女です」と言い切るのは、まさに確証バイアス。脳のバイアスがかかって**自分に都合のいい情報だけを集めているから**です。

つまり、晴れたときのことしか記憶に残っていないのです。

逆に、雨に降られた記憶しか残されていなければ、雨男・雨女が誕生します。

占いがよく当たる人と当たらない人の違い

「晴れ男・晴れ女がいると雨は降らない」と同じように、科学的根拠はないのに、脳のバイアスによりそう勝手に思い込んでいる例に、血液型診断があります。

あなたの血液型は何型ですか？

そして、A型、B型、AB型、O型の特徴をイメージできますか？

血液型による性格の特徴から相性、付き合い方まで、いろいろなメディアで紹介されているので、あなたもなんとなくわかると思います。

もしかすると、小さなことを細かく指摘してくる上司を指して、「あの人は絶対にA型だよね」「私B型だから、A型の○○さんとは合わないから」などと、ふだんからよく使っているかもしれませんね。

しかし、血液型による性格の傾向に、科学的な根拠はありません。血液型が違っても、脳の構造は同じです。

しかも、日本人の場合、約40％がA型。5人に2人が同じ性格だとしたら、どんなに付き合い方が楽になるか。わかりあえない、と悩むこともありませんよね。

これはよくある話なのですが、私のクライアントの中に「占いがよく当たるんです」と、占いにはまっている方がいますが、実はこれも脳のバイアスがみせる業です。

占いがよく当たる人と、まったく当たらない人を振り分けるのも、確証バイアスです。

占う方の中には、誰にでも当てはまりそうなことを、意図して並べて伝えている方もいるそうです。

最近、よくないことがありましたね。
あなたの近くに、すでに気になる存在が現れていますね。
体の調子がよくないところがありますね。

そう言われると、1つや2つはよくないことはあったし、気になる人は以前から何人かいるし、体の調子といわれるとどこも悪くないとはいえないしなど、探せば該当しそうなことがあるものです。

しかし、「占いは当たるもの」という脳のバイアスが働いている人は、「やっぱり当たるんだ！」と納得していくのです。

専門用語で**「バーナム効果」**といいますが、占いで1つでも偶然当てはまることがあると、ズバリ当たったと思い込んでしまうのです。

こうなると、「当たる」という自分に都合のいい情報しか印象に残らないようになるため、占いがよく当たるなと感じる人になります。逆に、最初の段階でバイアスが働かなかった人は、まったく当たらないなと感じる人になります。

占いの結果をどう受け止めるかは、人それぞれですが、**当たる人と当たらない人の違いは、確証バイアスという脳のバイアスが働いているかどうかの違い**です。

占いを信じるかどうかはあなた次第ですが、脳のバイアスが作用していることは心の片すみに置いていただけると、よいかもしれませんね。

誤認逮捕を生み出す偽記憶の正体

脳のバイアスは、ときに大きな社会問題を生み出すことがあります。それはまさに、「確証バイアス」によるものではないかといわれています。

黒人の犯罪率が高いとされるアメリカですが、実は誤認率が高いのも特徴です。つまり、間違って逮捕されるケースが多いということです。

なぜ、そのようなことが起きてしまうのでしょうか？

その原因のひとつは確証バイアスによるとされていて、事件現場で犯人を目撃したときに、犯人の情報が書き換えられて記憶されてしまうのです。例えば、白人を見ていたのに、黒人にすり替わってしまうというように。

確証バイアスが強烈になると、犯人が本当に別人にすりかわるといいます。これは、専門用語でいうと**「偽記憶」**です。

「もうあの人のことは信じられない。なんてひどい人なんだ」と感じる嫌なことがあったとします。その「あの人のことは信じられない」という思いが、脳のバイアスを形づくっていきます。

あの人は信じられない、というバイアスが働くようになると、その人が信じられなくなるような情報だけをインプットして、記憶するようになります。そうなると、「信じられない」という思いは、さらに強固なものになってしまうのです。

スキー場の傾斜も、脳のバイアスが働いて偽記憶として刻まれるということを示すよい例です。

スキー場へ行くと、初心者から上級者まで、レベルに合わせていくつかのコースが用意されています。特にレベル差があるのが、傾斜の角度。初心者が上級コースへ初めて行くと、異常に角度があるように見えます。

実際の角度は40度くらいなのに、断がい絶壁・70度くらいに感じる。落ちる恐怖が脳のバイアスをかけ、感じ取る角度を変えてしまうのです。

初心者からすると、がけから飛び下りるかのように見えてしまいます。スキー経験者ならわかるかもしれませんね。

これも、偽の記憶。

バイアスが働いて、恐怖から抜け出せないと、いつまでも70度と感じることになります。

婚活や投資で失敗するよくあるパターンとは

「いつもうまくいきません」という話を聞くとき、いつも感じるのは、まさに脳のバイアスにとらわれているな、ということです。

確証バイアスが働くと成功のチャンスを逃すこともあります。バイアスが、間違った判断をさせることがあるからです。自分の都合のいい情報にしか目が向けられなくなるのが、やっかいなのです。

たった1つのことが気になって、脳のバイアスが起動して相手のことを許せなくなる。

「いい人なんですけどね」とか、「悪い人ではないんですけど」と言いながら、心の中では許せない人が、あなたにもいないでしょうか？

私は、仕事柄、ビジネスからプライベートまでいろいろな相談を受けますが、ときに恋愛のサポートをすることもあります。

せっかくのチャンスを逃すパターンで多いのが、がんじがらめの確証バイアス、まさに、脳のバイアスの暴走です。

あるパーティーに参加したときのことです。たまたまクライアントも同席していたのですが、普段からその人が希望する条件を、私も頭にしっかり入れている習慣があります。できるだけチャンスを逃さないようにするためです。

性格が明るい人
両親や兄弟と仲がいい人
地元密着の仕事で転勤がない人
年収は○○○万円くらいある人

私が好きな海外旅行に一緒に行ってくれる人

条件はいろいろですが、失敗するパターンが、たった1つの条件が違うだけで、対象から外してしまうパターンです。

最近あったのが、たった1センチの身長差でした。

私がパーティー会場でバーカウンターに行くと、ほぼすべての条件を持っている人を発見しました。うまく引き合わせれば成功する。ところが、クライアントの女性の反応が悪い。それどころか、眼中になしといった感じです。

条件はぴったりなのにどうして？と思っていたら、相手の方の身長が170センチに1センチ足りないとのこと。彼女の条件は170センチ以上だったのです。それ以外の要素はすべて満たしていたのに、たった1センチの身長差で、それ以外の相手の性格や仕事や家族関係など素晴らしい部分をすべてスルーしてしまいました。

確証バイアスが働くと、幸せになるチャンスに気づけないうちに逃してしまうことも少なくありません。

投資がうまくいかない人の特徴の1つも、脳のバイアスが原因だったりします。確証バイアスが働いて、ほかの方法が見えなくなるのです。

投資で利益を上げていく方法は、山への上り方や目的地へのたどり着き方が何通りもあるように、いくつもあります。しかし、投資がうまくいかない人は、1つの方法にこだわります。

というのは、いったん投資に成功すると、その投資方法が正しいという情報ばかりを集めるようになり、ほかの方法を無視するようになるからです。

山の天気が急に変わるように、市場も災害や事故、スキャンダルなどで一瞬にして変わります。そのときに柔軟に対応できるかどうかが、投資で安定して利益を出すために大切なこと。1つの方法に頼るのはとても危険なのです。

投資に限らず、うまくいかないときは、確証バイアスが働いて、脳のバイアスががんじがらめになっている可能性があります。**「この方法しかない」「このやり方しかない」という考え方は、趣味やスポーツの上達の妨げに**もなります。

勉強や仕事、育児もしかり。

「この方法しかない」というこだわりは、自分で自分の首を絞めて苦しめる原因になりかねません。ぜひ、いま一度、あなたが普段やっているやり方にこだわらず、別のやり方もチェックしてみてください。

もしかしたら、何か気づきを与えてくれたり、思いがけず長年の悩みを解消してくれる糸口になってくれるかもしれませんよ。

「お金持ちは悪い人」という思いが、お金を遠ざける

「私はお金と縁がなくて……」と相談されることが度々あります。

お金持ちになりたいけれど、お金持ちになれないのも、あなたの脳のバイアスのせいかもしれませんとアドバイスします。実はここでも確証バイアスが働いていることがあります。

あなたは、お金に対してどんなイメージを持っていますか？

お金は楽して稼いではいけない
お金は自分で稼ぐものである
お金持ちになると嫌われる
お金持ちは悪い人が多い……

お金やお金持ちに対するネガティブなイメージが並びましたが、あなたはどうでしたか?

「お金持ちはいい人である」とか、「お金があると幸せになれる」といったポジティブなイメージが並んだとしたら、あなたはすでにお金持ちかもしれませんし、お金持ちになる過程にあるのかもしれません。

私自身、以前は、「お金持ちは悪い人」というバイアスが働いていました。

家は中流家庭でしたが小さい頃は好きなものをすぐに買ってもらえない環境で育ったこともあって、学生の頃は、親のお金でスポーツカーを乗り回したり、派手なファッションで遊びまわったりしている若い人を見ると、無性に腹が立ったものです。

お金持ちは悪い人、という確証バイアスが働くと、お金持ちになる行動に無意識にブレーキをかけるようになります。

真っ当な商売でもうけているのに、自分のお金が増えていくことに、無意識に罪悪感を覚えたりすることがあります。

そうなるとお金持ちになれません。

お金がもうからないように、脳が勝手に判断するようになるからです。

今の私は、「お金持ちは悪い人」というバイアスはなくなりました。

だからといって人がうらやむ大富豪になれたわけではありませんが、少なくとも、以前と比べると収入も増えましたし、お金を稼ぐことに抵抗ではなく喜びを感じられるようになりました。

ネガティブな確証バイアスがあると、それ以上先に進めなくなります。

例えば、「能力は決まっている」という思い込みがあれば、成長は止まります。

カリフォルニア大学で行われた実験によると、人の能力は決まっていると教え込まれたグループと、頭は使えば使うほどよくなると教え込まれたグループとでは、後者のほうが、成績がどんどん上がっていくことが報告されています。

頭は使えば使うほどよくなると、教え込まれたグループの成績が伸びるのは、がんばって勉強して少し成績が上がると、「ホントによくなるんだ」とその教えを実感し、確証バイアスが強くなり、脳が活性化して能力が伸びやすくなるからです。

脳のバイアスをうまく利用することで、自分本来の才能まで引き出せることがありますので、ぜひ参考にしてみてください。

1を見て10と思い込みたい脳

ここまで、何度も同じ経験をくり返していくことで、脳のバイアスが強くなっていくとお話ししてきましたが、なかには、**たった1回の体験がバイアスを確立してしまうこともあります。**

それは、脳に、**「1を見て、10と思い込む」**傾向があるからです。

あなたには、こんな経験はありませんか？

初めて行ったレストランで、出てきた料理が口に合わなかった

↓このレストランはまずい

朝、偶然にエレベーターで会ったのであいさつしたけれど返事がなかった

↓私はあの人に嫌われている

○○さんが大声で子どもを怒鳴っていた

↓○○さんは子どもに対しひどい人だ

自信満々で提出した企画書を上司に突き返された

↓あの人は、何を提出してもダメ出しする人だ

オンライン会議の設定をうまくできなかった
→私は機械が苦手だ

どれも、たった一度の出来事です。

それでも、まずいお店とか、あたりが強い親だとか、なんでも否定する上司とか、絶対に嫌われているとか、勝手に決めてつけてしまいます。

これを、専門用語では、**「過度の一般化バイアス」**といいます。

たった1回のコミュニケーションで人物像を決めつけてしまう、脳のバイアスです。

もしかすると、企画書を突き返した上司は部下のことを真剣に考える人かもしれないし、あいさつを返してくれなかった人は見えていなかっただけで、本当は好意を持っているかもしれません。

でも、もうそう考えることすら、できなくなってしまいます。

強固になると、自分の信じたいものだけしか見なくなり、自分にとって都合の悪いことは見えなくなるのが、確証バイアスです。

うつの人が、なかなかうつの症状から抜け出せないのも、確証バイアスが影響しているからだといわれています。

うつの人の話を聞くと、「1つもいいことがない」と言います。

でも、そう思っているだけで、一緒になって、よかったことやうれしかったことを書き出していくと、いろいろなことが出てきます。

朝、時間通りに起きることができたとか、電車に乗ったら席が空いていたとか、今日は甘いものが食べたいなと思っていたらプレゼントでケーキをもらったとか、いいことはいくらでも自分の身に起きています。

ただ、それが印象に残っていないだけなのです。

いま一度、自分が確証バイアスに翻弄されていないか、脳のバイアスについて意識を向けてみてください。

きっとそうすることで、見えていないことがたくさんあるということに気づけるようになるでしょう。そして、視野が、世界が広がると思います。

「現状維持バイアス」が新しいことへの挑戦を阻む

あなたは、レストランに入ると、いつも同じメニューを頼むほうですか？

それとも、違うメニューを頼むほうですか？

あなたは、日々同じことを繰り返すルーチンワークが好きですか？

それとも、誰もやったことのない新しい仕事にワクワクしますか？

あなたは、いつも使い慣れた製品を好むほうですか？

それとも、生活が便利になる最新の製品を好むほうですか？


これらの質問が表すのは、あなたの脳のバイアスの傾向です。

新しいメニューを頼むと今までにない味を楽しむことができるかもしれないのに、新しいことに挑戦すると、今まで気づかなかった能力を発見できるかもしれないのに、新しい商品に切り替えると新機能で生活が楽しくなるかもしれないのに、あえてそうしないのは、「現状維持バイアス」が働くからです。


新しいことを好む人と、安定していることに心地よさを感じる人、その違いはまさに、脳のバイアスにあります。

そして、脳の反応自体も異なります。

脳科学的には、**現状維持バイアスが働いている人は、大脳皮質にある「島皮質《とうひしつ》」という部分の活性が低下していて、リスクを選択する行動が減る**と考えられています。逆に、島皮質が活性化している人は、不安定さを求める傾向があります。一流のアスリートほど、この島皮質が活性化していることもわかっています。

現状維持バイアスが強くなるのは、育った環境が影響しているのではないかという意見もあります。

子どもの頃に、新しいことにいろいろ挑戦するたびに失敗したり、親や先生にダメ出しされたりした経験が、「何もしないほうが安全」と考えるようになるのではないかといわれています。

安定を求めることはよいことですが、現状維持バイアスが強すぎると、環境が激変したときにマイナスに影響することがあります。

今回のコロナ禍の中でも、なんとか試行錯誤しながらも自分はうまくやっているなと感じている人は、現状維持バイアスが少ない傾向の人です。

私の友人からこんな話を聞きました。

彼の知り合いが海外の高級車の営業なのですが、コロナ禍の２０２０年に過去最高益を出したというのです。

人と会うことが制限されていたときに、その方はどうやって車を売ったのでしょうか。お客さまのところを回れずに困っている話をよく耳にしていた時期です。

その方は、高級車を購入すると考えられる層は、外出が制限され、お金の使途に困っているのではないかと考えたといいます。たしかに毎年海外旅行に行かれるような方にとってはそうかもしれません。

電話やＤＭでアプローチしてみると、次々に注文の連絡が入ったといいます。

現状維持バイアスがかかると常識に縛られやすくなるため、「お金がある」という発想にはならなかったかもしれません。

ある方は、オンラインセミナーで、やはり最高益を出したといいます。

その方は、予定していた講演会がすべてキャンセルになった2カ月間をオンラインセミナーの研究に費やしたそうです。

リアルな講演と同じレベルのサービスを提供できないか。

その研究成果もあって、これまで関東圏に限られていたお客様が全国から集まるようになったといいます。しかも、オンラインで開催することで会場費も必要とせず、人数の制限もなくなったため、利益率も格段にアップしたそうです。

これからの時代、新しい環境にうまく適応していくためにも、少し現状維持バイアスをゆるめるよう意識的に動いてみてもよいかもしれませんね。

バイアスに支配されると反省しない人になる

あなたが成功するかしないかを分けるのは、実は脳のバイアスです、といったら驚きますか？

心理学的に考えると、成功している人とそうでない人の差は、いくつかのバイアスにあります。

成功できない人のバイアスの1つが、**「ダニングクルーガー効果」**と呼ばれる認知バイアス。これは、**能力が高い人ほど謙遜し、能力が低い人ほど自分を高く見せようとする現象**です。

私も以前は、突き抜けるような能力のある人は、自信家で、上から見下ろしてくるタイプだと思っていましたが、実際にお会いしてみると、突き抜けた人に限って謙虚な人が多い。こちらが恐縮するくらいです。

逆に、中途半端な人に限って、「素晴らしいですね」と称賛すると、「わかりますか」とか、「そうなんです」と自信満々に主張してきます。すでに慢心しているので、それ以上成長するチャンスを自分自身で奪ってしまっています。

成功できない人のもう1つのバイアスが、**楽しかったことだけを覚えている「想起バイアス」**です。

このバイアスが働くと、よいこと探しに終始するため、問題や課題に目が向かなくなります。問題や課題が解決できなければ、その後の成長は期待できません。

想起バイアスが強く働くようになると出てくるのが、「根拠のない自信」です。

あなたのまわりにもいませんか？

なんの裏付けもないのに、行動もしていないのに、自信だけはある人。

ものごとをポジティブにとらえることは大切なことですが、行き過ぎると、失敗しても反省しない人、改善しない人になってしまいます。

その行き過ぎた状態にあることを、**「ポリアンナ症候群」**といいます。

親の死に直面したポリアンナという少女が、周囲の小さなやさしさや親切に気づき、「よいこと探し」をすることで立ち直っていくという小説から付けられた名称です。

この小説そのものは感動的なストーリーです。

ポリアンナ症候群になると、夢ばかりを語って、行動しない人になります。

私のセミナーでは、参加者に夢を語ってもらうことがよくありますが、初期の頃は特に「今、夢を実現している最中です」といって行動しない人が数人いることがあります。

ときには立ち止まって、検証したり、反省したりしないと、夢を実現することはできません。ポリアンナ症候群の方は、自分の思考や判断がバイアスに左右されていることに気づいていないのです。

ここまで、わかりあえない原因をつくる認知バイアスについて話をしてきました。脳のバイアスは、自分にも他人にも、誰にでもあるものです。しかも、多種多様。自分と相手とで同じものを見ていても、そこからどの情報を選んでインプットしているか、さらに脳がどう認識しているかが異なるので、結果、見えている世界が人それぞれに異なります。

それでは、この章の最後に「脳のバイアスチェック」をしてみましょう。

「脳のバイアスチェック～人間関係編～」

該当する項目の□にチェックを入れてください。
さて、いくつ当てはまるでしょうか？

①□ 最近の若い人の考えが理解できない
②□ おじさんおばさんってやっぱり考え方が古い
③□ あそこに行くと縁起が悪い
④□ あの人はいつも同じ考え方をする
⑤□ 年齢が若くないとチャレンジできない
⑥□ 遅れてくる人は時間を守れない人だ
⑦□ 私の組織のほうがユニークな考えを持っている
⑧□ 自分の意見が通らないと、否定されているように感じる
⑨□ 相手に笑顔がないのは、自分が嫌われているからだ
⑩□ うまくいかないのは環境や人のせいだ
⑪□ 同じことをやっているほうが安心する
⑫□ 一度反対されると、その人を敵とみなす
⑬□ あの人はどうせうまくいかないと決めつけてしまう
⑭□ 自分を主張する人は、わがままだ
⑮□ こんなことは誰でもできると思う
⑯□ うまくいかないときは何をやってもダメだ
⑰□ この世の中は「勝ち組」と「負け組」でできている
⑱□ １つ気になるとその人の悪い面ばかりが見える
⑲□ 人は強くなければならない
⑳□ 過去にうまくいったから、今回もうまくいく
㉑□ 充実よりも楽なほうを選択する

合計□個

あなたのスコアは何点だったでしょうか？　合計点によって、下記のような傾向があります。あなたのレベルをチェックしてみてください。

【0～3点】…超一流レベルのうまくいく人そのものです。円滑なコミュニケーションができる可能性を秘めています。

【4～8点】…一流のレベルにあと少しです。努力することで、さらにすばらしい人間関係を築けます。

【9～12点】…標準レベルです。人のよい点を見れますが、特定の人に対してストレスを受けることが多々あります。

【13～16点】…対人関係でよい結果を出しにくい状態にあります。ストレスを受けやすく、このままだと人間関係がおっくうになります。

【17～21点】…他者の立場を考えることができないため、人間関係で激しい感情を持ちやすい人です。人を信頼できない傾向があります。

合計点数が高いほど、脳のバイアスを多く持っており、わかりあえない状況を自分自身でつくり出している可能性があります。人間関係でもストレスを受けやすい傾向があるかもしれません。ビジネスやスポーツ、恋愛などあらゆる分野でうまくいく人は、逆にチェックのない項目が多くなります。

例えば、「最近の若い人の考えが理解できない」をチェックした人は、相手が若いというだけで、どんなに素晴らしいアイデアや考え方だったとしても、受け入れようとしないところがあるかもしれません。

「おじさんおばさんってやっぱり考え方が古い」をチェックした人は、大事なことを教えてもらっているのに気づかずに、自分の意見をひたすら押し通そうしているところがあるかもしれません。

自分では気づきづらいのが、脳のバイアス。「どうしてわかってくれないの?」の原因をつくっているのは、あなた自身の脳のバイアスかもしれません。

第5章

結局人は、わかりあえない生き物である

Q.

「成功」とよく似ていると思う言葉を
5つ書き出してください。

あなたはどんな言葉を書き出しましたか?

達成
繁栄
お金持ち
ファーストクラス
金メダル
世界一……

「成功」からイメージする言葉は、人によって異なります。
なぜこんなに違うのか、次のページから見ていきましょう。

伝えたくても伝わらないのは、言葉のマップが違うから

あなたが「成功」からイメージしたのは、どんな言葉でしょうか？

成功からイメージされる言葉はいろいろあります。書き出す言葉は、人によってさまざまです。

家族や友達に、同じ質問をしてみてください。あなたが想像しないような「成功」に似た言葉が出てくるはずです。同じものは1つもないかもしれません。

私が行っているセミナーでも、420名を対象に同じ質問をしました。

そして、グループ全員で同じものがあったら1ポイントとカウントし、グループで比較したところ、最高でも1ポイントでした。つまり、グループ全員で一致した言葉

は、たった1つしかなかったのです。

どうしてこれだけ言葉が一致しないかというと、「成功」という言葉から想起することが、人によってまったく異なるからです。

ある人は1つの分野で頂点を極めることかもしれないし、ある人はお金持ちになることかもしれないし、ある人は夢をかなえることもしれません。ある人にとっては、小さなことでも、何かを完成させるとすべて成功なのかもしれません。

「成功」という同じテーマでも、頭に浮かんでくる言葉が違うのですから、ふだんのコミュニケーションで話がかみ合わないのは特別なことではないのです。

「私のことをわかってもらえない」「あの人のことがわからない」というのは、ある意味、当然のことなのです。

あるテーマに対して頭に浮かんでくる言葉の羅列を、言葉のマップといいます。

言葉のマップが違えば、相手にうまく伝わらないし、相手の言葉も自分にうまく伝

わらなくなります。

言葉のマップをつくるのは、私たちのこれまでの体験です。「成功」というテーマの言葉のマップは、それまでの「成功」に関連した体験からつくられたものです。

「成功」というテーマであればマップは違ったとしても、言葉が1つも浮かんでこないということはないと思いますが、テーマによっては、まったく言葉が浮かばないこともあります。

それは、体験したことがないものです。

例えば、チョコレートを食べたことがない人は、「チョコレートの話をしようか」と言われても、言葉が何ひとつ浮かんできません。マップは真っ白。そんな人にチョコレートの味を伝えるのは至難の業。

チョコレートが食べ物なのか、飲み物なのか、甘いものなのか、辛いものなのか、から伝えていく必要があります。

言葉のマップが違うことを前提に始まるのが、コミュニケーション。

そう考えると、伝えたいことが相手に伝わらなくても、相手のせいでもないし、自分のせいでもないことはわかります。

相手は、あなたの言葉を聞いていないわけでも、理解しようとしていないわけでもありません。言葉のマップが違うから、あなたの言葉のマップと自分の言葉のマップとのすり合わせに時間がかかっているのです。

同じ言葉でも伝わらないことがある

自分の頭と相手の頭に同じ言葉が浮かんでいても、思っていることがうまく伝わらないこともあります。

例えば、あなたは、美容院で髪を切ってもらったとき、自分がイメージしている長さと美容師さんがイメージしている長さが違っていて、仕上がったヘアスタイルに驚いたことはありませんか？

「前髪を短く切ってください」

この「短く」は、人によってイメージする長さが違います。

例えば、
ある人は、眉が隠れて、目が見える長さ。
ある人は、眉より上で、額が見える長さ。
同じ「短く」でも、思っている通りに相手が受け取ってくれるとは限らないという

イメージより短い
前髪にびっくり!

イメージ通りの長さの
前髪で満足

ことです。

例えば、あなたは、中華料理店に行ってスタッフに辛さを確認したとき、自分がイメージしている辛さとスタッフがイメージしている辛さが違っていて、出てきた料理を食べて後悔したことはありませんか？

「辛い」といっても、人によってイメージする辛さは異なります。

舌がピリッとするくらいの辛さなのか。
汗が吹き出し、火をふくほどの辛さなのか。

言葉ではどちらも「辛い」ですが、どちらをイメージしているかは、その人次第なのです。

このように、長い、短い、辛い、甘いといった長さや味の感じ方は人それぞれ異なります。

ほかにも、大きい、小さい、早い、遅い、温かい、冷たいなど、物理的な数値としては同じでも、人によって感じ方が異なります。これも、脳のバイアスによるものなのです。

そう考えると、やはり伝えたいことが伝わらないのは、誰のせいでもないのです。

舌がピリッとするくらいの辛さ

火をふくほどの辛さ

あなたが見ているのは、あなただけに見えている世界である

あなたが見ている世界と、あなた以外の人が見ている世界は違います。

たとえ、同じものを見ていても、あなたに見えているものと、あなたと一緒にいる人に見えているものも、やはり違います。

脳のバイアスがそうさせるのです。

スタジアムで一緒にサッカーを観戦しても、ある人は芝生の色、ある人はサポーターの叫び声、ある人はスタジアム内の熱気が強く印象に残ります。

同じように街を歩いていても、人の動きが気になる人もいれば、帽子をかぶっている人が気になる人もいれば、看板やポスターが気になる人もいます。

同じプレゼンテーションを受けても、概略図が記憶に残る人もいれば、スケジュールが記憶に残る人もいれば、参加者の顔が記憶に残る人もいます。

同じ場所からビルを見上げても、低く感じる人もいれば、高く感じる人もいます。なかには高さではなく、反射している光が気になる人もいるでしょう。

上司に同じように叱責されても、落ち込む人もいれば、平気な顔をしている人もいれば、相手を批判する人もいます。

同じものを食べても、味が気になる人もいれば、器が気になる人もいれば、食感が気になる人もいます。

こんな面白い研究報告もあります。

理研脳科学研究センター、名古屋大学、東北大学の共同研究によると、同じ音や言葉を聞いても、生まれ育った地域で脳の違う部分が反応していることがわかりました。

例えば、「あめ（雨、飴など）」と聞いたとき、東京で生まれ育った人は脳の左半球が優位に反応し、東北で生まれ育った人は左右どちらも反応します。

同じ言葉でも、人によって、まったく異なって聞こえている可能性があるということです。

あなたが見ている世界は、あなたにだけ見えている世界です。

あなたと一緒にいる人が見ている世界は、その人だけに見えている世界です。

違うものを見ている2人のコミュニケーションがかみ合わなかったり、ギクシャクしたりするのは、自然なことなのです。

私たちが互いにわかりあうためにできることは、まず、その違いを認めることです。

脳は、わからないものに恐怖を感じる

脳タイプの違い、体の違い、環境の違い、認知の違いなどからつくられる脳のバイアスが、自分とほかの人がどれだけ違うのかを知るほど、わかりあうことの難しさがわかってきます。

あなたも、自分と他人がこれほどまで何から何まで違うことに驚いたかもしれませんね。

それなのに、私たちはわかりあいたい、わかりあえるはずだ、と思ってしまいます。

どうしてなのでしょうか？

それは、**わかりあえないことに恐怖を感じるから**です。

私たちが恐怖を感じるのは、身の危険に対峙《たいじ》したときです。

わかりあえないということが、そんなに危険？

あなたも、そう思うかもしれません。

高いところから落ちる、クマに襲われる、乗っている飛行機が激しく揺れる、無人島にひとり取り残される……。どれも怖いですよね。こうした恐怖は、その後のことを悪いほうに想像することで生まれる怖さです。

それでは、わかりあえないことに対する怖さとは?

それは、自分にコントロールできないことから生まれる恐怖です。

脳は、知らないことやわからないことに恐れを感じます。どう対応すればいいのか、どう判断すればいいのか見当がつかないからです。

わかりあえない、というのは、まさにその状態です。

だから、わかりあえないことにイライラするし、怒りたくなるのです。これもいわば脳のバイアスといえるのかもしれません。脳の反応の仕方を知っておくと、心に余裕が生まれ、生きるのが楽になることがあります。

見ている世界が違うのですから、相手のことを理解できない、自分のことを理解してもらえないのは仕方がない、その事実を認めることが大切かもしれません。

信頼関係のカギは「ミラーニューロン」にあった

わかりあえないとわかっても、それでも、わかりあいたいと思うのが私たちです。
あなたも、わだかまりのある人やギクシャクしている関係にある人とは、少しでもわかりあえるようになりたいでしょうし、家族や友達、恋人など親しい間柄の人とは、もっとわかりあえるようになりたいでしょう。

実は、そんな私たちの望みをかなえるヒントになりそうなのが、ここ最近の脳科学における最大の発見といわれる、**「ミラーニューロン」**です。

ミラーニューロンは、１９９６年、イタリアのパルマ大学のジャコーモ・リッツォラッティらのサルの実験によって発見された、脳の前頭葉《ぜんとうよう》の一部と上頭頂葉《じょうとうちょうよう》にあるとされる神経細胞です。他人の心を読み取ったり、行動をまねしたりする脳の機能を支えているのではないかといわれています。

そのため、**ミラーニューロンは、共感細胞とか、ものまね細胞と呼ばれる**こともあります。

相手の脳を、自分の脳に鏡のように映せるなら、相手が考えていることや伝えたいこともわかるのではないか——。

まだ、そこまでのことは解明されていませんが、人間が他者に共感できることはわかってきました。

相手につらく悲しい話を聞かされたら、自分もつらく悲しい気分になった。

あなたにも、そんな経験はありませんか?

そのとき自分の脳は、相手と同じように反応しているわけです。

脳のバイアスを外すことは難しいですが、自分と相手を映すミラーニューロンを知ることで、もしかしたら脳のバイアスの影響を軽くすることができるようになるかもしれません。例えば、**自分にも相手にも敬意を払うその気持ちがあるだけで、ミラーニューロン効果で信頼関係は深まっていく**のです。

うまくいく人は「ミラーニューロン」を使っている

私は、脳科学の観点から「うまくいく人とそうでない人」の研究を続けていますが、このミラーニューロン効果を上手に活用しているのが、「うまくいく人」です。

私はビジネスやスポーツで結果を残している人たちに接したり、お話を聞いたり、研究したりしていますが、うまくいく人に共通しているのは、コミュニケーションが上手だということです。

初めて会った人でも親身に接するし、物腰もやわらかい。早口で話す人にはスピーディーに言葉を返し、ゆっくり話す人にはだまって耳を傾ける。相手に合わせて柔軟に対応する姿は、まさにカメレオンのようなコミュニケーションといってもいいでしょう。

しかも、その振る舞いは、実に自然なのです。

うまくいく人たちのコミュニケーションを研究してきてわかったことは、彼らは、そうすることで相手が喜ぶことがわかっているということでした。そして、その喜びが自分の幸福度を上げ、自分のパフォーマンスが上がることもわかっています。

プロゴルファーのタイガー・ウッズ選手は、相手の選手のボールがカップに入ると称賛することでよく知られています。たった一打の差が天国と地獄を分けるゴルフの試合で、相手の一打を素直にたたえる。なかなかできることではありません。ふつうの人なら、心の中で「入るな」と叫ぶところです。

ウッズ選手は、相手をたたえると、自分も気持ちがよくなることがわかっているのです。ストレスがなくなると、脳の状態がよくなります。そうすると、パフォーマンスが発揮されやすくなります。おのずと結果はついてきます。

まさに、ミラーニューロン効果です。

うまくいかない人は逆です。

相手のことを理解しようとしないし、相手を喜ばせようともしません。昔の私がそうでした。世の中は自分中心に回っていると勘違いし、「理解できません」「あなたの考え方は間違っています」などと、平気で言ってしまう人間でした。

そういうタイプは、誰かとコミュニケーションをとるたびに、ネガティブな気持ちになります。自己肯定感が高まることもなければ、パフォーマンスを発揮することも難しくなります。

自分の見ている世界を変えると、相手の見ている世界が変わる

知らぬ間に形づくられる脳のバイアスの中には、自分で意識的にコントロールすることで変えられるものもあります。

それはつまり、自分の見ている世界を、自分で変えられるということです。

相手が見ている世界を変えることはできませんが、自分の見ている世界が変われば、わかりあえないという溝を埋めることが可能になることがあります。

意識すれば、すぐに変えられるのは、環境と認知バイアスです。

例えば、環境に関していえば、硬い椅子をやわらかいソファにする、人と会って話をするときは温かい飲み物を飲むようにするといったように、できる範囲でかまわないので、少しいつもと変えてみるのはどうでしょうか？　おそらく、見える世界、受け取る情報が変わっていることを感じられると思います。

認知バイアスを変えるのは、少し手間がかかります。というのは、自分の思考がどんなバイアスに影響を受けているのか、洗い出す必要があるからです。

第4章の「脳のバイアスチェック」を活用するのも、1つの方法でしょう。わかりあいたい相手やわだかまりの原因になっていることがわかっているなら、それについて自分が思っていること、感じていることを書き出してみる方法もあります。

例えば、「上司」「夢」「お金」などとテーマを決めて、自分が思っていることを書き出すと、ネガティブな思考や行動に影響を与える認知バイアスが見えてきます。このタイプのバイアスは、バイアスを意識するようになるだけで弱まります。

こり固まってがんじがらめになった脳のバイアスを解放すれば、自分の見ている世界が劇的に変わります。そうすると、相手との溝も少しずつ埋まっていくことになるでしょう。

脳のバイアスを超えてわかりあうために

人は、わかりあえないのが自然。
ですから、わかりあえないからと
相手を責めることも、自分を責めることもやめましょう。
コミュニケーションがうまくいかないのは、
お互いの見ている世界が違うだけなのですから。

とはいえ、わかりあえるとうれしいですよね。
ですから、この本のおわりに、
わかりあえない者同士がわかりあうための方法として、
お互いの脳のバイアスに気づくヒントをいくつかまとめておくことにします。

私たちの脳の性格は３つのタイプに分かれます。

タイプ１　視覚を優先する視覚タイプ
タイプ２　聴覚を優先する聴覚タイプ
タイプ３　触覚、味覚、嗅覚などを含めた体の感覚を優先する体感覚タイプ

そして、タイプによって印象の残り方も、想起するときも異なる傾向があります。

視覚タイプ…映像が中心になる
聴覚タイプ…映像より音声が中心になる
体感覚タイプ…映像や音声より、肌ざわりや香り、味など、体で感じたことが中心になる

私たちの脳は、体の特性によっても違う傾向があります。

①利き手（あくまで傾向です）

●右利きは左側にある情報、左利きは右側にある情報を重視する傾向がある。

②性別（いずれもあくまで傾向です）

●女性は色の識別能力、男性は素早い変化の察知能力が高い傾向がある。

●女性は同時並行処理が得意な傾向がある。

●女性は感情と共に、男性は出来事を切り取って記憶する傾向がある。

●男性は空間認知能力が高い傾向がある。

③日本人と欧米人（いずれもあくまで傾向です）

●目で感情を読む日本人、口で感情を読む欧米人。

●森ばかりを見る日本人、森を見ずして木を見る欧米人。

私たちの脳は、環境によっても違う傾向があります。

- ●やわらかいものに座ると心が穏やかになる。
- ●温かいものを持っているとやさしくなる。
- ●近くに嫌なものがあると、機嫌が悪くなる。
- ●甘いものを食べると親切になる。
- ●天気がよい日は行動がポジティブになる。
- ●海や温暖な気候で育つと社交性が高まる。
- ●緑のあるところで暮らすと創造性が高まり、攻撃性がやわらぐ。
- ●若いときほど時間が長く、年をとるほど短く感じる。
- ●どんな場所に住むかで、ドタキャンの定義すら変わる。

私たちの脳は、思い込みによっても違う傾向があります。

●意識すると選択的注意が働き、バーダー・マインホフ効果で真実だと思う。
●晴れ男と晴れ女は、雨の情報を無視してしまう（確証バイアス）。
●あの人は悪い人という考え方は、偽記憶で起きることがある。
●スキー場の傾斜すら、思い込みで変わる。
●婚活や投資で失敗する人は、こだわりが強く視野が狭くなっている。
●どんなことを信じるかで、経済状態や頭のよさが変わる。
●たった1回の出来事で、100％正しいと思う人がいる（過度の一般化バイアス）。
●世の中には、ルーチンと新しいことを好む2タイプがいる（現状維持バイアス）。
●うまくいかない人ほど自慢する「ダニングクルーガー効果バイアス」。
●反省しない人は、よいことばかりを思い出す世界に生きている（想起バイアス）。

ここで挙げたものたちは、いずれもあくまで傾向であることに留意していただければと思います。あくまでも、自分と相手は同じではない、という参考にしてください。

わかりあえない者同士がわかりあうためには、
わかりあえない原因であるお互いの違いを認めることです。
それだけで、わかりあえないストレスは減ります。

そして相手の世界観を認めて敬意を払えば、
脳のミラーニューロン効果で、自分にも敬意を払うことになります。
それは、自己肯定感を高めることにつながります。

私たちは、わかりあえないのが自然です。
だからこそ、それを受け入れることが大切なのです。

おわりに

いかがでしたでしょうか。脳のバイアスが生み出す、あなたと、あなた以外の人との違いに、気づいていただけたでしょうか。

相手の世界観は、自分の世界観とは異なること。その気づきが、成功に近づく。

これが、私が脳科学の観点から「うまくいく人とそうでない人」の研究を続けてきた結論です。

そもそも、どうして私が脳の使い方の研究を始めたのかというと、自分の病気を治すためでした。

免疫系の難病を患った私の前に立ちふさがったのは、「世の中に治療法はない」という現実でした。そして、わずかな希望となったのは、探し当てた「脳を変えることで治る」という文献です。

治療法はないといわれた病気は、脳の使い方の研究を始めて、約半年で完治しました。主治医の先生に信じてもらえず、何度も検査して、それでも陰性ということで仕方なく完治を認めてくれたほどだったので、おそらく奇跡的なことだったのでしょう。医学的なことはわかりませんが、その半年で変わったことはたった1つ。

それは、ストレスから解放されたことです。

病気を患った当時の私は、過度なストレスを抱えていました。完璧主義で負けず嫌いな性格だった私は、成果を出すことと引き換えに、自分にものすごくプレッシャーを与えていたのです。

そのストレスが、脳の使い方が変わったら、あっさり消えてしまったのです。

具体的に何をしたかというと、相手の世界観を認め、敬意を払うことでした。

脳の使い方を研究すればするほど、脳のバイアスによって、自分と相手が見ている世界がまったく違うことに気づいたからです。

違う世界観を持つ2人がコミュニケーションをとれば、ちぐはぐになったり、ギクシャクしたりするのは当たり前。自分の思いが相手にうまく伝わらないことがあるのも当然なことなのです。

相手の世界観を認めると、心が楽になります。

それだけでなく、相手のことをよく聞くようになるし、よく見るようになります。

すると、今まで見えていなかったことも見えるようになります。


今から一年前、長崎県に在住の現役高校生、山邊鈴さんが書いた「都心と地方の人のふつうの違い」についてのインターネット記事が話題になりました。テレビや有名人にも紹介され、90万人がその記事を読み、多くの人が共感しました。

なかには、その事実を知って、地方の人を応援しようとした人もいたそうです。

これは、お互いの世界が違うことを知り、社会がお互いに歩み寄ろうとした素晴らしい現象ではないでしょうか。


世の中に1万人の人がいたら、1万通りの「ふつう」が存在します。

「ふつう」は、自分のまわりのふつうでしかありません。

そして、それぞれの「ふつう」を理解することで、人は相手を受け入れ、歩み寄ることができます。

仕事からプライベートまで、私たちが直面するほとんどのストレスは人間関係です。
そのストレスから解放されるには、相手を見る視点をいくつ持てるかです。
そのためには、まずは自分以外の人の世界観を認められるようになることです。
脳は、私たちが思っている以上に素晴らしい可能性を秘めています。
そして、あなたの思い次第で、世界の見方を変えることもできます。

私は、本というものは、時空を超えて人にエネルギーを与える一種の生き物のようなものだと思っています。この本が、あなたに新しい視点を与える、1つのきっかけになることを心から願っています。

二〇二一年六月　脳科学者　西　剛志

なぜ、あなたの思っていることは なかなか相手に伝わらないのか？

発行日　2021年 7月 6日　第1刷

著者　西剛志

本書プロジェクトチーム
編集統括　柿内尚文
編集担当　舘瑞恵
編集協力　洗川俊一
カバーデザイン　小口翔平＋奈良岡菜摘（tobufune）
本文デザイン　菊池崇＋櫻井淳志（ドットスタジオ）
校正　中山祐子

営業統括　丸山敏生
営業推進　増尾友裕、綱脇愛、大原桂子、桐山敦子、矢部愛、寺内未来子
販売促進　池田孝一郎、石井耕平、熊切絵理、菊山清佳、吉村寿美子、矢橋寛子、遠藤真知子、森田真紀、大村かおり、高垣知子、氏家和佳子
プロモーション　山田美恵、藤野茉友、林屋成一郎
講演・マネジメント事業　斎藤和佳、志水公美

編集　小林英史、栗田亘、村上芳子、大住兼正、菊地貴広
メディア開発　池田剛、中山景、中村悟志、長野太介、多湖元毅
管理部　八木宏之、早坂裕子、生越こずえ、名児耶美咲、金井昭彦
マネジメント　坂下毅
発行人　高橋克佳

発行所　株式会社アスコム

〒105-0003
東京都港区西新橋2-23-1　3東洋海事ビル
編集部　TEL：03-5425-6627
営業局　TEL：03-5425-6626　FAX：03-5425-6770

印刷・製本　中央精版印刷株式会社

Printed in Japan ISBN 978-4-7762-1151-8